走近青铜

走近青铜

牛福忠 著

北京工业大学出版社

图书在版编目（CIP）数据

走近青铜/牛福忠著.北京：北京工业大学出版社，2011.4
ISBN 978-7-5639-2661-9

I.①走… II.①牛… III.①青铜器（考古）－简介－中国IV.①K876.41

中国版本图书馆CIP数据核字（2011）第021376号

走近青铜

著　　者：牛福忠
策　　划：张　明
责任编辑：王　曙　杨　青
书籍设计：齐物秋水·李燕萍
出版发行：北京工业大学出版社
　　　　　（北京市朝阳区平乐园100号　100124）
　　　　　010－67392308（传真）　bgdcbs@sina.com
出 版 人：郝　勇
经销单位：全国各地新华书店
承印单位：天津兴湘印务有限公司
开　　本：787毫米×1092毫米　1/16
印　　张：16
字　　数：156千字
版　　次：2019年4月第1版第2次印刷
标准书号：ISBN 978－7－5639－2661－9
定　　价：48.00元

版权所有　翻印必究

（如发现印装质量问题，请寄本社发行部调换 010-67391106）

目　录

前言

青铜器概述

商代青铜器	1
兽面纹鼎	7
告宁鼎	13
"䢼"鼎	16
鸟扁足方鼎	19
百乳雷纹簋	22
字男壶	26
兽面纹提梁壶	29
史父丁罍	31
告卣	34
三羊首瓿	37
单柱爵	40
天觚	43
兽面纹觚	46
凤鸟纹觯	49
龙纹戈	52
大矛	55
夔纹钺	58

i

西周青铜器	61
作保父鼎	67
兽面纹鬲	70
芮叔甗	73
容伯方座簋	77
凤鸟纹簋（二件）	80
为簋	84
兽目交连纹盨	88
伯儵尊	90
夔纹卣	93
寅父丁爵	95
兽面纹盉	97
伯百父盉	100

春秋青铜器	103
鼎\簋\簠\匜\盘组合（十九件）	107
蟠螭纹鼎	114
蟠虺纹簠（二件）	118
人壶	122
莲盖龙纹双耳壶（二件）	125
三角云纹缶（二件）	128
鼠季盘	131
龙蛇纹活耳鉴	134
蟠虺纹提链盉	137
史叔编钟（九件）	139
楚王剑	145

战国青铜器	149
自作鼎（二件）	152
圆鼎	156
鎏金圆鼎\方壶（二件）	158
镶红铜三角云纹敦	162
错银凤鸟云纹豆	166
蟠螭纹方壶（二件）	170
鎏金蟠螭纹链壶	174
蟠螭纹扁壶	177
错金龙纹提梁盉	181
异形戈	183
越王朱勾剑	186
错银云纹戟	190
错金银嵌绿松石带钩	193
鸟形灯	196

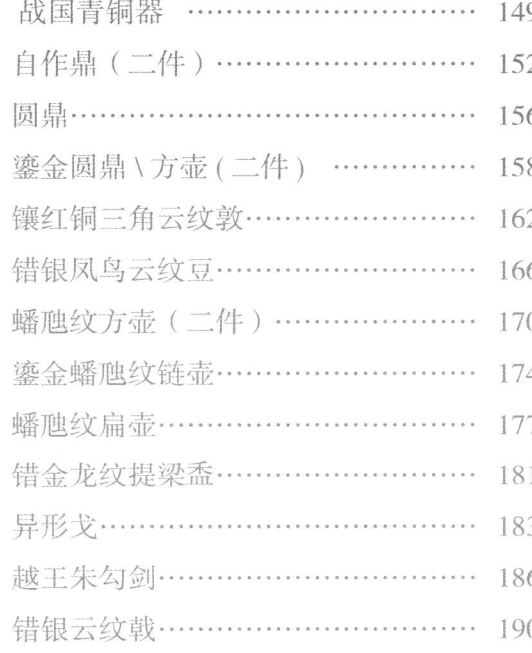

汉代青铜器	199
太阳纹铜鼓	203
鎏金猴形带钩	206
鎏金带座耳杯	208
鎏金博山炉	211

青铜器主要纹饰及特征

青铜器主要纹饰及特征	213
兽面纹（饕餮纹）	214
龙纹	217
夔纹	218
蟠螭纹	219
蟠虺纹	220
兽目交连纹	220
凤鸟纹	222
蝉纹	224
象纹	225
虎纹	225
其他动物纹	226
乳丁纹	227
云雷纹	228
涡纹	229
环带纹	230
重环纹	231
鳞纹	231
绳纹	232
三角纹	232
瓦沟纹	233
人物活动纹	234

青铜器鉴定主要依据

青铜器鉴定主要依据	235
锈蚀	238
纹饰	239
范痕	240
垫片	242
范土	243

前 言

　　青铜器艺术作为特定时代的产物，作为中国文化精神结出的硕果，是超越时代的。它影响了一代又一代中华儿女的精神世界，催发了中华文明的大发展与辉煌。

　　中国古代青铜器，随着岁月的流逝，离我们越来越远。但是当我们静下心来，穿过时间的隧道，透过那斑驳的锈层，抚摸它那充满历史沧桑的身躯，遐想它那曾经熠熠生辉的往昔，会有一种清新可喜，但又神秘、威严和怪诞的感觉。随着一步步走近它，取而代之的则是一种肃穆、振奋、昂扬而又悲壮的心情。历史之沉重、命运之神秘、哲理之深邃，在我们心里激荡着，它给了我们巨大的艺术美的享受。

　　本书系统地介绍了商代至汉代的青铜器，内容广泛，图文并茂，通俗易懂，所举实例均为民间所见，其中不乏精品、珍品。由于我几十年来实践积累多于理论，因此,书中介绍的均是"实践"的例子。对于鉴别器物的新老和断代，主要从其外表的老旧程度和铸造工艺进行分析和判断。因中国古代青铜器不允许上市流通，因此书中之参考价，仅仅用来显示其珍贵程度，并非市场交易价格，少数珍品的参考价写的是无定价。

　　本书的出版，为广大青铜器收藏爱好者提高鉴别能力，提供了重要的参考。由于时间仓促，不当之处，敬请民间的青铜器收藏家和爱好者指正。

青铜器概述

什么是中国古代青铜器？顾名思义，即是中国古代的青铜器物，主要指商代与两周时期的青铜器。这些器物以铜质为主，加入少量的锡和铅浇铸而成，因器物的颜色为黄中带青灰色而得名。

青铜器是一种合金，纯铜（红铜）加入少量锡为锡青铜，加入少量铅为铅青铜，加入少量锡和铅即为锡铅青铜，加入少量锌为黄铜，加入少量镍为白铜。青铜器因合金成分不同而呈现金黄到银白等不同颜色。青铜这个名称是我们现代人起的，在中国古代人们把铜称为"金"或"吉金"，而把现在所谓的金称为"黄金"，两者在称谓上有严格的区分。合金是两种或两种以上的金属熔合而成的一种新金属，青铜即是合金的首创。

中国古代青铜器高度发展、数量巨大、种类繁多、造型丰富、纹饰瑰丽、工艺高超，具有独特的民族风格，在世界青铜文化中占有重要的地位。

中国的青铜器是一个划时代的创造，是当时社会生产力发展水平的重要标志。中国青铜时代的开始不晚于公元前2000年，而且持续了相当长的时间，直到公元前300年还有大量青铜器被制造、使用。它存在于中国历史上的夏、商、周、春秋、战国时期。时间延续了

1500年以上。青铜的用途，当时主要是制造生活用具、祭祀用具和工具，还有就是大量地制造武器。

中国青铜时代的最大特点，就是"国之大事，在祀与戎"。礼器与武器，也是中国青铜文化的代表，礼器主要用于祭祀等礼仪性的活动。"藏礼于器"，实际上礼器就是祭器，被赋予"论贵贱，别等级"的作用，成为当时贵族身份与地位的象征。随着早期国家的出现，青铜器自然就成为王权的象征，当时青铜鼎是青铜礼器中最重要的器物，如相传商汤灭夏，迁大禹所铸九鼎于商，周灭商之后，又将九鼎迁至洛邑。

青铜器按其实际功能分为食器、酒器、水器、乐器、兵器、家具、工具、杂器等，其中食器中有鼎、鬲（音同力）、簋（音同鬼）、簠（音同府）、盨（音同须）、豆、甗（音同演）等器物；酒器中有爵、觚（音同姑）、觯（音同智）、斝（音同甲）、尊、壶、瓿（音同不）、卣（音同有）、觥（音同工）、彝、缶、罍（音同雷）等器物；水器中有盘、匜（音同移）、盉（音同禾）、鉴、盂等器物；兵器中有戈、剑、矛、钺（音同月）、镞（音同组）、刀、斧、弩等器物。

早在夏代，青铜器已从铸造简单的工具、兵器发展到铸造比较复杂的爵和铃了，并且

铸件厚薄均匀，已有了简单的纹饰，说明这时期青铜器工艺已经达到了一定的水准。

商周1000多年的历史，也是我国青铜器波澜壮阔、光彩夺目的历史。商代青铜器无论是造型设计、花纹装饰，还是铸造技术，都较夏代有了明显的进步。这时，礼器种类增多，器物花纹粗犷有力，同时出现了铭文。在商代晚期，青铜器无论在质量和数量上都得到了空前发展和提高，种类繁多、制造精良，给人以凝重、庄严的感觉；纹饰多样、形制精美，显示出发展鼎盛阶段富丽堂皇与雍容华贵的气派。不仅在纹饰上刻意追求精细，而且广泛使用浮雕装饰，排除了平面纹饰的单调性，其立体感使铸器更加生动和意味无穷。西周时期铸造水平不断提高，风格趋于简朴，形制放达随意，铭文皆韵律清晰，笔道工细典雅，笔锋劲拔而不失圆滑，多为书法艺术杰作。

春秋战国之际，工匠们大胆突破宗教神秘色彩，体现出强烈的地方性和清新感，使中国青铜器铸造进入了新的高潮期，这时种类更加多样，纹饰从过去的粗犷放达改为工细纤巧，追求华美的艺术效果成为当时的主流。纹饰设计还出现了许多新题材，如表现宴饮、战争、狩猎等，增加了浓厚的生活气息。

中国青铜器从夏代至战国时期，发展井然有序，奇异的青铜器不仅在中国古物中占有重要的地位，即使在全世界古铜器中，也是独一无二、出类拔萃的。中国古代青铜铸造工艺之先进、形制之美观、纹饰之精丽、铭文之劲拔，都是世界青铜器所难以企及的，这就是中国青铜器吸引众多古物研究者和收藏家的魅力所在。

商代青铜器

商代早期

商代早期相当于二里岗文化期，郑州商城夯土中测定的碳14年代为公元前1620年，正好是商汤建国时期。先后在河南偃师、江西吴城、湖北盘龙城、山东大辛庄等地出土了同一时期的青铜器。和二里头文化青铜器相比，这一时期的青铜器，不论造型设计、花纹镂刻，还是工艺技术都取得了巨大的飞跃，发展到一个全新的阶段。青铜礼器占据主导地位，已经成为青铜时代最主要的特征。这些青铜器不但有变化多端的造型，而且有形形色色的纹饰。丰富的艺术装饰，展现了二里岗时期青铜文化的特点。

综合各地出土的器物，发现这一时期的青铜器种类很多，有鼎、大方鼎、鬲、甗、簋、爵、斝、觚、卣、盉、矛、壶、盘等，包括了食器、酒器等门类。较早的器类比较简单，但是爵、觚、斝组合的一套酒器，已经普遍出现。二里岗上层的青铜器形状更为复杂，商代青铜礼器开始繁荣。这个时期的青铜器造型独特。鼎、鬲等食器有三足，一足与一耳呈垂直状。鼎、斝等柱状足或者锥状足和器腹相通，这是由于当时还没有掌握对范芯的浇铸全封闭技巧。方鼎巨大，容器部分是正方深斗形，与殷墟时期长方槽形的方鼎完全不同。爵的形状继承二里头文化式样，一律为扁体平底、流狭小而长。

商代早期的青铜器纹饰主要是兽面纹，它以粗犷的勾曲回旋的线条构成，全是变形式样，除兽的眼睛圆而且大，作为象征外，其余条纹并不具体表现物象的各个部位。其主要特征是一个正面的兽头，有对称的双角、双眉和双耳，还有鼻、口等，有的还在两侧有长条状的躯干、肢、爪和尾等。最早注意到这类兽面纹的是北宋时期的金石图录。二里岗时期青铜器上的兽面纹有三种形式，即独立兽面纹、歧尾兽面纹、联体兽面纹，其中以歧尾兽面纹最为普遍。

商代中期

在青铜器发展史中，郑州二里岗文化和安阳殷墟文化之间还有一个过渡期，这就是商代中期。这个时期的青铜器主要有鼎、鬲、斝、爵、觚、尊、盉、壶、卣、盘、簋、豆等。鼎、鬲类器物比较突出的变化是一耳不再与一足对立，而是三足与两耳对称，成为以后所有鼎的固定形式。

这个时期流行的纹饰主要有兽面纹、鸟纹、夔纹、龙纹、圆涡纹、弦纹等。

龙纹是青铜器上流行时间最长的装饰纹样之一。龙的形象起源很早，但作为青铜器纹饰，最早见于商代二里岗时期，以后商代晚期、西周、春秋至战国，都有不同形式的龙纹出现。青铜器上的龙纹，一般在反映其正面图像时，都是以鼻为中轴，两旁设置双眼，身体向前侧面延伸。商

商代青铜器

代龙纹多表现为卷曲的形态，商末周初的方彝、方鼎口沿处盛行龙头在中间，分出双尾，即双体龙纹，两周时期还有几条龙相互环绕，自相成趣。

青铜器上的鸟纹装饰，最早出现于殷商时期，其没落期约在西周中期以后。最早出现于殷代铜器上的鸟纹是小鸟纹，这种纹饰常常以宽带状形式饰于器物的颈部、肩部来作为辅助纹样。小鸟纹盛行以后，就开始出现大鸟纹，很快，它就被用做主体纹饰，并占据了青铜器纹饰的主要部分。其主要特点在于有华丽的冠羽。早期的大鸟纹昂首、引颈，整体上看起来，显得颈长而身体宽大。再往后期，鸟颈逐渐变短而冠羽纷披，尾羽卷曲之状则更加繁缛，整体看来，躯体近于方形，呈扁方状。长尾鸟纹流行的时间较长，这种鸟纹常见于铜器的口下方、颈部或圈足上。其特点是鸟身短而尾羽长，迤逦卷曲，形成或宽或窄的带状纹饰。

在造型上，这个时期的青铜器花样别出。扁足鼎的数量逐渐增多，呈直口，折唇较厚，唇边有双立耳，腹部较深，兽张口拖住鼎腹，着地处为兽尾。这个阶段的纹饰主要是复层纹饰，设计与雕刻都非常复杂，浮雕兽面纹开始出现，但一般都比较圆浑。有的器体上开始使用扉棱装饰，显得凝重雄伟，气势非凡。

商代晚期

按纣王在位时期来算，商代晚期相当于武丁至帝辛时期。《史记·殷本纪》中有比较翔实的记载。在盘庚即位之初，殷商比较衰落，盘庚不得不五次迁徙都城，之后才使得"殷道复兴"。这里所谓的殷衰，指的是商王对各诸侯失去控制力，诸侯不朝，经济上不进贡，因而国力衰落。而殷墟高度发达的青铜文化，必须在武丁的精心治理下才能达到，武丁即位不可能马上就使社会高度发达，只能说是社会稳定，发展迅速。因此，这个时期可以说是商代中期青铜器和晚期青铜器的交替时期。从武丁后期到帝辛时期，大约有两百年的历史，这个时期的青铜器发展迅猛，不仅品类较全，形式多样，而且造型设计和铸造工艺等方面也都有较大的突破和创新，在中国青铜器发展史上达到了一个新高峰。

商代前期新出土的器物有方彝、高颈椭扁体壶、敞口束颈椭扁体觯、觥等。高颈椭扁体壶宽而椭扁，颈较高，腹部膨大，颈的两侧有贯耳，下方有圆足，有的有方盖，有的还有方形提梁，这类扁壶在商代晚期前段虽然流行一时，但到晚期以后很快就消失了。敞口束颈椭扁体觯有的无盖，颈部收缩都不是很小，不过也有颈部宽窄不同的做法，器形多为小型。另一种敞口束颈圆体似杯的觯，大约也在这个时期出现。新出土的还有鸟兽形尊。

这个时期方器大为发展，主要有方罍、方尊、方罍、方壶等。

商代晚期食器中鼎的变化较大，除了一般的式样以外，新出现的形式有自器腰以上收缩口唇外翻的鼎，这主要是中小形鼎。另一种是容器部分很浅的扁足鼎。袋腹似鬲的柱足鼎，俗称分裆鼎，是这一时期的流行式样。

方鼎都是长方形的长鼎，柱足粗而偏短，也有扁足方鼎。觚的造型腰部向细长发展，喇叭口扩大。罍类器物中，几乎同时出现了圆体和椭圆

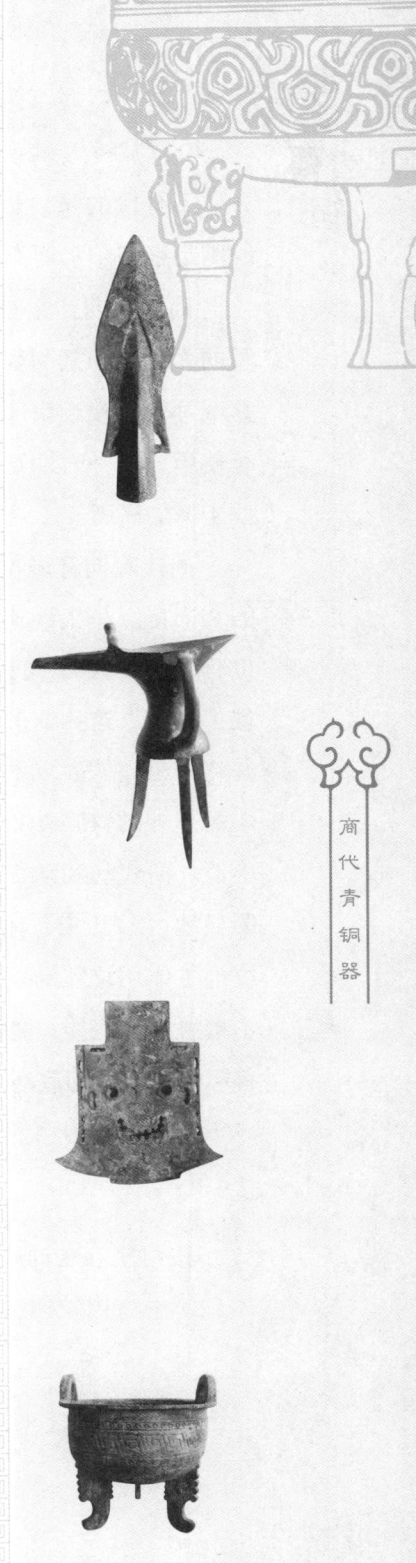

商代青铜器

方体不分段的斝。大型的酒器有大口有肩尊。其体形在这时显著提高，有时圈足很高。水器类盂是新出现的器物。

商代晚期铭文有所发展，因而有一些关于青铜器的记载。形体类似于觚的无肩尊和椭圆扁体卣、筒形卣是这一时期新出现的典型器物。有一种簋双耳较大接近口部甚至超过口部，粗大而有长垂耳。无耳敞口簋仍被继续使用。这一时期簋的圈足有增高的趋势，有的圈足下沿有宽阔的边条以便于增加高度。

商代晚期青铜器的纹饰最为发达，种类繁多，兽面纹空前发展。这时的装饰特点是集群式，以多种物象作为主纹或者附饰布满器身，甚至底部也有纹饰，有的一件器物上就有十几种动物纹。在艺术装饰方面，同样出现了高峰，这种情形与青铜礼器的发展一致，而且还和玉雕、牙雕、漆器并驾齐驱。从表现手法看，商代的纹饰，形体基本上还是象征性的，除了炯炯有神的双眼外，其余部分即使是较精细的纹像，也是地纹不分，轮廓不清。商代晚期动物形象比较具体，有的甚至有写实感，纹饰主干和地纹明显地区分开来，地纹通常是繁密的细雷纹，与主纹形成了强烈的对比。纹饰主体用浮雕的现象也很普遍。商代晚期前段兽面纹中间的准线，有的不接触下面底线，兽纹常连成整体而中间不隔开；后段的兽面纹往往由于兽鼻尖通到下面底线而分割成两部分。

实 例 一

兽面纹鼎

2009年5月10日,五一节刚过,河南省郑州市的陈先生开车带来几件青铜器。因他和我是多年的老朋友,这次来北京,特意让我看看他的藏品。

陈先生说:"知道你忙,几次请你去郑州,都没去,现在我带到北京来,你帮我再把把关。"我说:"你也太客气了,依你的眼力,东西肯定错不了。我看看,也只是饱饱眼福而已。"

他带来的几件青铜器还真是好东西,尤其是其中一件商代大鼎,甚为罕见。我不由自主地看了许久,说:"现在找这么一件东西,真是太难了,好好留着吧。"他说:"这是一位老先生收藏了好多年,费了不少劲,才转让给我的,这也是我铜器藏品中最大的一件,你看完我就收起来了。将来办一家博物馆,拿它作为镇馆之宝,你看怎么样?"我说:"当然可以,开馆的那天,我肯定去祝贺你。"

陈先生走后,我感到特别欣慰,东西虽是他的,但我用心看过了,其实和我的一样。鉴赏古玩,是我的一种享受,今天是个好日子,看到了难得一见的宝贝。

兽面纹鼎

年　代　商代晚期
规　格　高 40.5 厘米，口直径 34.5 厘米
参考价　人民币 250 万～300 万元

藏品档案

此鼎高 40.5 厘米，口直径 34.5 厘米，圆体，双直耳，大口，方唇，深腹，圜底，三中空柱足。口沿下至腹部饰二层兽面纹（饕餮纹），上有棱脊，外沿有三角形范线，形制较大，有威严雄奇之势。通体为绿色锈层，坚硬牢固，局部可见暗红色贴骨锈，上有矿化闪亮的结晶斑，细察为天然形成，整体无人工作伪痕迹。鉴定为商代晚期青铜鼎，是青铜器之重器，为罕见的一件艺术珍品。

鉴定常识

鼎是煮或盛鱼肉用之器，也有实牲祭祀和宴饮等用途。鼎是青铜礼器中的主要食器，在古代社会中，被用做"明尊卑，别上下"，即统治阶级等级制度和权力的标志。商代用鼎制度，从发掘出土情况来看，一般中、小型墓葬是一具或两具，但王室的陵墓则不一样，悬殊较大，如商晚期殷墟妇好墓，就出土大小不同的鼎共 32 具，可见等级制度的森严。西周时期，等级秩序更加明显，出现了列鼎制度。奴隶主贵族等级越高，使用鼎的数量越多，说明享受的肉食更丰富。

据记载，西周时天子用九鼎，诸侯用七鼎，卿大夫用五鼎，元士在特殊场合用三鼎，一般场合只用一鼎。但至今出现九鼎的西周墓还没有发现。在奴隶制社会中，要"礼藏于器"，各级统治者需配以相应的礼器，不得超越，否则为失礼，也就是"各位不同，礼亦异数"，故青铜礼器中鼎、簋、钟等均有定制，即上面所说的鼎为奇数"九、七、五、三"制，而簋则为偶数"八、六、四、二"制。

夏、商、周三代皆奉九鼎为传国之宝，得国便得鼎，失国则失鼎，鼎成了国家存亡的标志。春秋战国时期，礼崩乐坏，昔日礼制现象频生僭越现象，诸侯、卿大夫也开始使用最高等级的九鼎八簋。

走近青铜

鼎是在新石器时代陶鼎的基础上发展而成的,是三足两耳之器,多为圆形,也有四足的方鼎等。

方鼎有正方鼎和长方鼎之分。商代早期方鼎为正方形、薄壁,立耳外侧有曲形槽,单线兽面纹饰;商代后期方鼎为长方形,体厚重,一至三层细线条纹饰。西周方鼎两耳上下等宽,西周后期方鼎出现附耳,春秋时期方鼎少见,战国以后消失(后仿之器,不在此列)。方鼎往往是成对使用的。

圆鼎使用的时间比较长,始于商早期,盛行于商晚期至汉代,此时鼎多当做礼器使用,战国、汉代时期也有时拿来作为量器,宋以后用黄铜或杂铜铸有各类鼎,多作为祭器,明清时期演变为香炉。

商代早中期的圆鼎,体薄、口宽、小立耳呈半圆状、深腹下肥大、三锥足短矮,足空外撇,与腹相通,一耳与一足对应,另外两足于另一耳两侧,三足形成等边三角形。商初鼎一般光素无纹,还没有铭文出现。铭文在商中期才开始出现,多为一些象形文字或族徽,铸痕明显。商晚期鼎,体重、直

兽面纹鼎

年　代	商代中期
规　格	高19厘米
参考价	人民币30万~40万元

兽面纹鬲鼎

年　代	商代早期
规　格	高 31.2 厘米
参考价	人民币 50 万～60 万元

立耳稍大，尖足逐渐消失，取而代之的是稍高的柱足，足的位置也发生了变化，一足在腹的一侧中央，另两足于两耳之间，与一足对应，三足也组成一个等边三角形，而不是一耳与一足对应的形式。此时还出现了扁足鼎。商晚期的圆鼎腹变浅，纹饰多为兽面纹（饕餮纹）。

西周早期的圆鼎同商代晚期的相比变化不大，仍为柱足鼎，而扁足鼎则消失了。西周中期时铭文在单足那侧腹内壁上。西周晚期，圆鼎体近半圆形，腹底收敛，双立耳逐渐演化为附耳，附耳是为了便于加盖，纹饰由大鸟纹逐渐转化为简单的环带纹、变形龙纹等，三足也肥大，为兽蹄足。

春秋时期，圆鼎耳有两种，一种为直立耳，微外斜，一种为附耳外撇。腹变圆，盖近似平面形，盖上有圆形纽或盖中心有圆形握，

蹄形足内空，足上部铸成兽首形。

春秋晚期出现了蟠螭纹、蟠虺纹。铭文形体变得瘦长，开始出现了鸟虫篆体。此时鼎多半有盖，少数没盖。战国时期圆鼎多为附耳外侈有盖鼎，盖上多为三环或三鸟形纽。鼎大而且薄，外壁多为蟠螭纹或蟠虺纹，铭文多刻于器外表，内容多是简单的"物勒工名"，笔画较细。

秦汉时期，鼎腹比战国时期扁圆，蹄足粗矮，熊足是这一时期的主要风格。这个时期的鼎的纹饰少，多为光素无纹的鼎，铭文书体多为规整的隶书，刻于器腹外侧。秦汉以后鼎渐稀少，鼎的作用也发生了变化，由炊食器转变为祭器。进入封建社会后，鼎作为奴隶主贵族权力和等级标志的作用已经丧失。

鼎的造型虽然有变化，但鼎的两耳、三足形式没变，只是耳、足、腹有变化。一般规律为：耳由小逐渐变大，由直耳至附耳加盖；足则由锥足到柱足、短柱足、长柱足，而后变为蹄足、矮蹄足；腹则由深腹变为浅腹，又由浅腹到半圆形，直到又为深腹。总之，鼎的各个部位随着时代的变化而逐渐演变。

实 例 二

告宁鼎

2009年3月初,河南省郑州市的周先生带了一件青铜鼎来到北京中博雅文物鉴定中心。他说:"十多年前我收藏了这件鼎,很多人看过后都认为是真品,就是内底的铭文不认识。有人说是族徽,但到底是什么字,谁也说不明白,今天拿来请你给看看。"

仔细看过之后,我告诉周先生:"这件青铜鼎是商代的,对于商代铭文,尤其是一两个字的,有人认为是族徽,这是一个通俗的说法,准确地说应当是'族氏铭文'。研究发现,有一些族氏铭文和古代的方国名是一致的,在商代,族名与方国名相同是常见的现象。"

周先生听完我对这件铜鼎的介绍,感到很满意,并表示过几天再来,因家中还有几件铜器,也想拿来让我再看看,只是没有带铭文的了。我说:"无所谓带不带铭文,咱们互相交流,再说,哪有那么多带铭文的青铜器,能收到一件就已经很不错了。"

商代青铜器

藏品档案

此鼎高36.3厘米,口直径29.3厘米。直口,宽沿,方唇,口沿

告宁鼎

年　代　商代晚期
规　格　高 36.3 厘米，口直径 29.3 厘米
参考价　人民币 200 万～250 万元

上有一对厚大立耳,深圆腹,三兽首蹄状足。口沿下饰横向条带状相向的蝉纹,蝉纹突出两只大眼,为三角形躯体,腹部有条纹,以云雷纹为地。蝉是殷人喜欢的动物之一,经常在青铜器纹饰中出现。腹部饰实心的乳突状小圆点(即乳丁纹),采取密集整齐的排列,置于菱形云雷纹中间,组成乳丁云雷纹。三蹄足上部为浮雕兽首,神态威猛,内底铸铭文二字"告宁",字体雄健厚重,劲强坚实。在甲骨刻辞中,"告"是商代一重要的方国,据考证,告族(国)位于殷商之东方,当时告族人地位颇高,相继有族人担任射、亚、田、宁、侯、册等职。近年考古发掘出土的告族铜器中,有鼎、爵、觚、觯、卣器,约30件。在河南省安阳市殷墟商代墓中出土的一件"告宁"鼎,高19.8厘米,而此鼎高36.3厘米,为同类器中之最大形器。

此器通体为绿、黑、红等色锈层,自然、牢固,在红锈层中可见矿化明亮的结晶斑点。铸造工艺精良,范线明显,说明此器为陶范法所铸造,极具时代特征。此鼎保存完好,品相一流,为研究古代告族的历史与艺术,提供了重要的实物资料,是商代晚期青铜器之珍品。

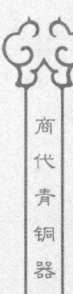

商代青铜器

实 例 三

"𦥑" 鼎

2006年,我在甘肃省兰州市"古玩收藏品鉴定会"上见到一件青铜器,很有特色。藏家认为此器为真品,收藏多年,现在拿来想了解一下市场价位。

此器锈层叠压牢固,不是人为所作,为商代晚期青铜鼎。至于它的价位,我只好同他讲:"根据国家有关政策,青铜器不能上市流通,人们都是在私下进行交流和收藏,因此价位很不稳定。青铜器不像瓷器、书画能有一个参照的价格。同样一件东西,价格差异会很大,我也不好说它的具体价位。只能根据我多年的经验,告诉您大概最低能值30万元,具体的还是由您自己去掌握。"

藏家走了以后,我反复在想:青铜器真品基本上都是出土的,它不像人工作伪的仿品有制作成本,所以,真品有时价位并不高,但经几次转手后,价位又奇高。每件青铜器真品到底值多少钱,还真不好说,价位只代表了它的珍贵程度,并不是交易的价钱,价位越高,说明它的艺术性、稀少性、工艺精美性和文化内涵越高。我们要从上面这些方面去考虑,如果一味地追求古玩价位,反而在辨识它的真伪上会出问题。这也是我们在收藏古玩时所要避免的。

"刖A"鼎

年　代　商代晚期
规　格　高25.6厘米，口直径19厘米
参考价　人民币30万～40万元

藏品档案

此鼎高25.6厘米,口直径19厘米,为唇口,直圆腹,圜底,口沿上为双索状立耳,腹微鼓,三圆柱中空足,颈部饰变形象纹一周,中间以圆涡纹(火纹)相隔,腹部饰三角蝉纹一周,纹饰均以云雷纹为地,腹内壁铸有二字铭文"肁",这应为组合族氏铭文。此鼎通体为绿色、亮黑色、银白色锈层,尤其是绿锈层,叠压如矿藏,自然、坚硬。此鼎工艺精细、纹饰精美、保存完好,鉴定为商代晚期青铜鼎,反映了商代铸造工艺的发展水平,是一件极佳的艺术作品。

兽面纹鼎

年　代　商代晚期
规　格　高24厘米
参考价　人民币25万～30万元

蝉纹鼎

年　代　商代晚期
规　格　高36厘米
参考价　人民币20万～25万元

实例四

鸟扁足方鼎

2009年6月10日上午,有一位先生到北京中博雅文物鉴定中心找我鉴定一件青铜器,东西是用一个漂亮的锦盒装着的,他刚一打开锦盒,我的眼前马上一亮,只见一件青铜扁足方鼎静静地躺在锦盒中。扁足圆鼎我见过,扁足方鼎我还是头一次在民间见到,所以感觉非常兴奋。

我不由自主地仔细察看起来。此器无论是从锈层、造型、工艺,还是铸造方法来看,均认定为商代晚期器,尤其是锈蚀状况,更像是河南安阳一带出土的土坑器,通过查阅资料,我了解到扁足方鼎目前发现的不足五件,均为陕西和河南出土器。

我马上意识到眼前这件青铜方鼎非同一般。不过因全器土蚀层太厚,遮盖了部分纹饰,所以看不清它的细节,为了更清楚地了解这件珍贵的青铜器,在征得藏家同意后,我稍稍做了一下清理,去掉土锈层。令人惊喜的是,我在外底部发现了一个鸟形铭文,字口宽而清晰,呈上窄下宽状,应为铸铭。

扁足方鼎本已罕见,带有铭文的更是少之又少。我小心地将此鼎放回锦盒中,将我的看法讲给了藏家。他一听吃惊不小,直说:"真没想到,要不是您,我怎么也想不到会有铭文,今天来您这儿,收获太大了,谢谢

商代青铜器

鸟扁足方鼎

年　代　商代晚期
规　格　高 32.2 厘米，口长 24.2 厘米，宽 17.3 厘米
参考价　无

您了。"我赶忙对他说:"应该谢谢你才对,在赝品众多的古玩市场,能见到一件珍品,对我来说是一种极大的享受。"

藏品档案

此鼎通高32.2厘米,口长24.2厘米,宽17.3厘米,长方体,直腹,腹下微敛,平底,双立耳。口沿下四面饰上下两组兽面纹,以扉棱为鼻,乳丁突目,其余均以阴线为饰,腹部四隅各饰透雕棱脊,足饰四凤鸟,鸟首上昂,承托鼎腹,外底铸一"鸟"形铭文,为器主家族之族氏铭文。通体有如矿藏般相叠的绿、蓝锈层,下面可见贴骨的暗红锈层,内有闪亮的矿化结晶斑,局部有赭褐色铁锈末与土结合的土锈层,应为含铁质的土层所致。腹部外底有对角交叉范线。鉴定此器为商代晚期青铜扁足方鼎,有很高的历史研究价值与艺术价值,是罕见的艺术珍品,堪称稀世瑰宝。

扁足圆鼎

年　代　商代晚期
规　格　高17.5厘米
参考价　人民币50万~60万元

实例五

百乳雷纹簋

2007年，记得正好是刚过完春节的时候，有一位先生来到北京中博雅文物鉴定中心，他拿来了一件青铜簋，要求我帮他鉴定一下真伪。

我仔细验看了一下他带来的这件青铜簋，虽然器形不大，但年份较好，鉴定为商代晚期器。在古代青铜器中，除了鼎以外，簋的数量占到了第二位，但簋大多是西周时期铸造的，商代的青铜簋算是比较少见的。

我把鉴定结果告诉了他，又对他说："现在市场上商代青铜簋的伪品有很多，大多数为低劣的制品，有少量的伪品仿得比较逼真，但如果仔细观察，你会发现锈层还是与真品有出入。青铜器的鉴定就是这样，只要真品看得多了，仿品还是能鉴别出来的。这也可以说是实践出真知吧，有时候从经验教训中学到的知识比书本上的理论知识还要来得更有用。"

藏品档案

此簋高15.8厘米，口直径23.8厘米，圆口外侈，深斜腹，腹部以下渐收，高圈足。口沿下饰卷尾龙纹，间饰浮雕兽首，腹部饰24组乳丁，每组5枚，称为百乳，乳丁均置于斜方格雷纹中，甚为

百乳雷纹簋

年 代 商代晚期
规 格 高15.8厘米，口直径23.8厘米
参考价 人民币40万~50万元

密集。圈足上亦饰卷尾龙纹，间隔棱脊，外底饰斜方格纹。整体纹饰为商晚期至西周早期中原地区流行的纹饰，立体感强，铸造工艺精湛。绿锈层下可见红、黑色贴骨锈层，细察可见铜质矿化产生的闪亮结晶斑体。此器时代特征极其明显，为商代晚期青铜簋，十分少见，保存完好，甚为珍贵。

鉴定常识

　　簋是盛放煮熟的黍、稻、稷、粱等饭食的器具，商周时期，簋也是重要的礼器，特别是西周时期，它和列鼎制度一样，在祭祀和宴享时以偶数组合与奇数的列鼎配合使用，用来表示贵族的身份和等级。据记载，天子用九鼎八簋，诸侯用七鼎六簋，大夫用五鼎四簋，元士用三鼎二簋。出土的簋也以偶数居多。

　　青铜簋出现在商代早期，但数量少，晚期逐渐增多，盛行于两周，衰落于战国时期，在考古发掘和传世的青铜器中，以青铜鼎为最多，簋居第二位。

　　青铜簋的形状也较多，大致可分为三个方面。从耳来分，可分为无耳簋、双耳簋、四耳簋；从形来分，可分为无盖圆腹簋、有盖圆腹簋、方形簋、带方座圆簋；从足来分，可分为圈足簋、三足簋、四足簋。

　　其形状虽多，但各时期的簋都具有各自的特点。商代早期簋体厚、口微侈，颈部微收，腹微鼓，无耳无盖，底为圈足。商代晚期才开始出现双耳簋，在颈与腹部和圈足处有纹饰，多为兽面纹、夔龙纹、乳丁纹、涡纹、三角雷纹等。铭文多在腹内底部，外底部多为"井"字形纹或斜格纹。圈足上有的留有方孔。

　　西周早期沿袭商代晚期的双耳簋造型。中晚期又出现双耳有珥

簋，即在耳下部又垂一小耳，这是西周簋区别于商代簋的明显标志。此时的簋撇口翻唇，同时出现了双耳方座簋和四足簋，但都没有盖，还出现了四耳有盖簋，盖顶中心为圆形握，有的圈足下还有三足或四足。

春秋簋与西周簋最明显的区别为，春秋簋口内敛，纹饰以蟠螭纹和蟠虺纹为主，有铸铭和刻铭，这也是春秋时期的一大特点。战国时期仍为圈足簋或三足簋，但已少见，战国以后簋即消失了。

总的来说，无耳簋出现得早，耳下垂珥的为西周和春秋时期的簋。无盖者为早，有盖者为晚。

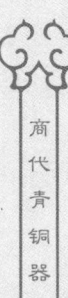

商代青铜器

兽面纹簋

年　代	商代晚期
规　格	高15厘米，口直径19.3厘米
参考价	人民币30万～40万元

实例六

字男壶

2008年10月,我刚从外地做古玩鉴定回到北京不久,一位先生带着一件青铜器来到我所在的中博雅文物鉴定中心,让我帮他鉴定一下。

仔细看过此器后,我告诉他:"这是一件商代晚期的青铜壶,品相如此完好,的确非常少见,是青铜壶中的珍品,有很高的收藏价值。"我给他详细地说了一下鉴定的理由,他听完后非常满意,说:"这件东西是我十几年前买的,以前也找专家看过,不过有的说是真品,有的说是伪品,说法不一,今天您一说,我心里就有底了,确信这件青铜器是真品了。不过这上面的铭文我不认识,您能不能给我讲讲,这些字都是什么字?"

这件青铜壶的盖顶内铸有两行八字的铭文,我告诉他这些铭文是"字男作父丁宝尊彝"。他听了非常高兴,请我把字写下来。最后,他再三地谢谢我,然后很满意地走了。

🏺 藏品档案

此壶高36.3厘米,椭扁体,宽口,腹下垂而两侧鼓出,口宽小于腹宽。盖顶为花苞形纽,高圈足,由盖至足部饰四组扉棱,颈部

字男壶

年　代　商代晚期
规　格　高 36.3 厘米
参考价　人民币 80 万～ 100 万元

与圈足均饰回首夔龙纹，盖顶与腹部饰兽面纹，均以细云雷纹为地。盖顶内铸两行八字铭文"字男作父丁宝尊彝"。

　　此壶造型新颖，纹饰精细，整体为绿锈层，牢固坚硬，局部有银白色光泽。此器甚为少见，鉴定为商代晚期青铜壶之珍品，有很高的历史研究价值和收藏价值。

鉴定常识

壶是古代盛酒的器皿，青铜壶在历史上使用的时间自商代至汉代，甚至更晚些，因而壶的形式变化相当复杂。其造型有圆形、方形、扁形，还有蒜头形、贯耳形等。

商代壶为直口、长颈、圆腹下鼓、低圈足、贯耳，多数没盖，此外还有椭圆形壶。西周早期变为半环耳，并且有盖。春秋时期，壶盖上多为莲瓣或无花果叶形，短颈，壶体多是圆角方形。圆壶腹部最大直径在腹中部或偏上部。战国时期壶多为铺首衔环耳，铺首呈正方形，此时还出现了瓠形壶。汉代壶为圆颈大腹，腹两侧为长方形铺首，底为圈足。

从壶的形制上断代，可参考如下特征：

第一，商代壶多无盖，有盖者为商晚期之后的，盖上有莲瓣者为春秋时期的。

第二，贯耳出现的年代早，环耳为西周时期的。兽首衔环始于春秋，铺首衔环为战国至汉代。

第三，椭圆体是商的，扁椭体是西周的，圆角方体是春秋的。

兽面纹壶

年　代　商代晚期
规　格　高 35.5 厘米
参考价　人民币 50 万～60 万元

实 例 七

兽面纹提梁壶

2008年8月15日,从河南省信阳市来的两位先生带来了一件青铜器,他们对我说:"这件铜器是早年收藏的,东西不该有问题,今天拿来让您给看看,因为有人说这是一件壶,也有人说是卣,我们也查了查资料,但都不确定。"

我仔细地查看了他们带来的青铜器,然后告诉他们:"此器的确是件真品,是商晚期的。我认为是一件青铜壶,原因是它的盖沿子口在里面,而卣的盖沿子口在外面,包住了颈的一部分。再有,卣的颈部也没有这么高。它应该是一件壶。"

两位从河南来的先生又看了看,说:"对,应该是壶,这下我们也弄明白了。"他们从千里之外来,就是为了弄懂这件器物的名称,这种对古玩的认真和执著的态度,真是让我钦佩。

藏品档案

此壶高38厘米,长颈,腹下部外鼓,高圈足,圆形高盖,盖内有子口,盖上有圆形把手,盖沿部饰夔纹一周,以细云雷纹为地。

兽面纹提梁壶

年　代　商代晚期
规　格　高38厘米
参考价　人民币80万～100万元

　　颈部饰羽状兽面纹，上下以连珠纹镶边，颈两侧饰双耳，固定"U"形提梁。其两端作圆雕兽首形，梁身饰夔纹，造型优美、稳重，纹饰少而精，风格质朴。通体为翠绿色锈层，局部可见黑、红色贴骨锈，色彩艳丽，锈层牢固。商代晚期青铜铸造业发展到了一个崭新的阶段，达到了一个新的水平，此壶提梁的焊接技术，正是此时分型铸造的一个创新工艺，它大大提高了铸造质量与速度。此壶鉴定为商代晚期青铜壶，保存完好，甚为罕见，有很高的艺术价值与收藏价值。

实例八

史父丁罍

2010年6月5日,河南省的韩先生带来一件青铜器,找我鉴定。见面后他的第一句话就是:"我是从百度网上查北京中博雅文物鉴定中心,才找到您的。这件东西内底有铭文,因锈层太厚,我也不会清理,不知是什么铭文,请您给看看。"他的话中透着自信,我仔细察看这件器物,锈层天成,纹饰清晰,范痕明显,确是商代晚期青铜罍,只是内底锈层较厚,隐约能看到有铭文痕迹。我征求韩先生意见,能否清理一下锈层,他爽快地说:"没问题,您看着办,怎么清理都行。"我小心地将锈层剥掉,映入眼中三字"史父丁",细查字体、字口、锈蚀状况,可以判断铭文不是后刻的。我肯定地告诉韩先生:"此器为商晚期青铜罍,铭文是'史父丁'三字。此器甚为少见,珍贵之极,好好保存吧。"他听我说完,愣了半天才说:"您再好好看看,铭文不会有错吧?""依我的经验,此器没有什么疑问,你可以再找别人给看看,多找些人看没有坏处。"他半信半疑地走了。

三个月后,韩先生打来电话,兴奋地告诉我,他去中国收藏家协会科学实验室,做了"成分分析测试",其金属成分符合商代晚期器物的特点。铭文他也找人看了,没问题,应是"史父丁"三字。我听后告诉他:"这件青铜器的确是个宝贝,先收藏着吧,待以后有时间再仔细研究研究,说不定还会有新的收获呢。"

商代青铜器

史父丁罍

年　代　商代晚期
规　格　高38厘米
参考价　人民币120万～150万元

🌀 藏品档案

器高38厘米，敞口，短颈，圆肩，圈足，下腹收敛，肩上饰双牛首耳，腹下部饰一牛首环形纽。肩上有回首卷尾夔龙纹一周，以云雷纹填地，间有六个浮雕圆涡纹。内底有铭文三字"史父丁"，字体呈长方形，大小不一，笔画多露锋芒，为典型的"波磔体"。

商代青铜器铭文简短，其内容主要是族氏名、做器者名和做器对象名。做器者名往往也是族氏名。此器铭文中"史"为族氏名，"父"即是为父辈做器，"丁"为日名。所谓日名就是以十个天干命名，即甲、乙、丙、丁、戊、己、庚、辛、壬、癸。日名也称为干名。父丁也称为父日丁，是受祭祀的日子，也有的人认为是庙号。

此器通体有银白色光泽，间有绿、红、赭等锈色，自然天成。范浅，垫片明显，为陶范法所铸。商代的陶范多是就地取材，来自地下深处或河床淤积的较细含有细砂的黄土，掺杂了一定数量的砂粒而成。陶范为细砂，而陶芯的砂粒较粗，以增加强度。此罍三个耳中可见残留的陶芯土，内见有粗砂粒。其整体铸造工艺精湛，鉴定为商代晚期青铜罍之典型器，极为少见，不愧为古代青铜器之精品。

🌀 鉴定常识

罍，古代酿酒器，又为大型盛酒器，其形制有两种，圆体和分体罍。其特征为敞口，短颈，广肩，肩上有两耳，正面腹下部有一环鼻，用以系绳提取倒酒之用，底为圈足。其始见于商代晚期（制作数量不多），流行于春秋中期，绝迹于战国时期。

商周时期圆形和方形的罍都有，圆形皆为小口，短颈，广肩，肩上有两耳，下腹瘦，足前下方有一穿系的鼻纽，底为圈足。春秋战国时期罍多为矮体，小口，短颈，广肩，平底微凹，肩上有两耳或四耳，腹下部无鼻纽。腹部皆有蟠螭纹或蟠虺纹。

实例九

告卣

1999年，我在北京润宏拍卖公司任业务总监，负责征集拍品。

有一天，一位先生拿来一件青铜器要拍卖，我告诉他："青铜器属于出土器，根据有关规定，不允许拍卖，您还是自己先收藏吧。"他说："这是我父亲留下来的，我也不懂古玩，既然不能拍卖就算了，拿回家先留着吧。"

我仔细看了看他带来的青铜器，认真地对他说："您回家好好保存，这是一件商代的青铜器，非常珍贵，看来您父亲是懂古玩的，以后如果碰上有喜欢青铜器的人，可以转让给他，但我还是希望您继续收藏，毕竟是您父亲留给您的一个念想。"他听了我的话后，非常高兴，很爽快地对我说："您说得有道理，我听您的。这件青铜器我先留着，好好保存，以后有什么更好的机会再说吧。"

藏品档案

此器高35.5厘米，椭圆形，有盖，长子口，直颈，下腹外鼓，高圈足。圈足口沿下折，颈上有一对环形钮，套接龙首提梁。提梁外表饰夔纹。器盖上有四条扉棱，盖顶为方形柱钮，盖面与盖的折

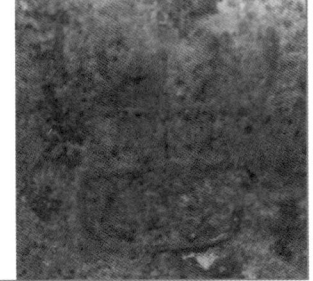

告卣

年　代　商代晚期
规　格　高 35.5 厘米
参考价　人民币 300 万～350 万元

商代青铜器

沿处各有一周夔纹。此器腹部的环纽下饰两条扉棱，高圈足上有四条扉棱，腹上部与圈足均饰垂尾鸟纹，形态丰满。腹中部饰兽面纹。所有纹饰均是以云雷纹填地，外底为斜格纹。器内底铸一"告"字族氏铭文。此器通体是银白亮光锈层，局部有翠绿色锈层，全器锈层牢固、自然。

此器用陶范法中的分铸插接工艺制成，即将主体以外的附件分型铸造，然后再插接到主体上。此卣是先分别铸出腹部、U 形环和平直的提梁，再根据腹两边的空隙，将平直的提梁握弯成形，将 U 形环套进提梁的圆环中，再将 U 形环的两端插入腹部提前铸出的孔中，成为整体。我们可以看到在U形环内的腹部，有连贯的纹饰，说明腹部是单独铸造的，而U形环是后插接的。分铸插接工艺是范铸技术中一次明显的进步，无论是从制模、制范，还是从质量上都远远好于铸造整器，这种技术始于商代晚期，到了西周时期，已经被广泛地应用了。

这件卣的纹饰，采用了俗称"三层花"的工艺。所谓"三层花"，就是既有地纹，还有主纹，同时在主纹上刻有阴纹，层次分明，多为对称式适合纹样和连续纹样，并且采用平雕和浮雕相结合的技法，用扉棱来装饰，增强了庄严和稳重的效果。此器造型浑厚凝重，典雅大方，富有规律性和节奏感。此器无论是从锈层，还是从铸造工艺来看，均无人工作伪痕迹，保存完好，为商代晚期青铜器，极为罕见，是商代青铜器中的瑰宝奇珍。

鉴定常识

卣是专门用来盛高级香酒的器皿，其名为宋人所起。自宋代定名以来，约定俗成，现仍定名为卣。卣的基本形状为椭圆体，深腹下鼓，敛口上有盖，盖上有纽，盖与器中间有子口，下有圈足，上有提梁。青铜卣始于商代早期，盛行于商代晚期和西周时期，绝迹于西周晚期。从形体上可分为无梁卣、提梁卣、方卣、筒形卣、带座卣、动物形卣六种。

随着时代的变迁，卣的形状也发生了变化。商代晚期，卣多为椭圆体，扁而高，最大腹颈在腹中部，子口深，短颈，提梁多为绳索状。西周时期，为扁椭体形，最大腹颈在腹下部，即鼓腹下垂、长颈，皆有盖，扁提梁与圆提梁皆有，提梁两端多为环式或兽首状，如有铭文，多铸于盖内和器内底部，卣一般为对铭。

实 例 十

三羊首瓿

2006年6月,老友崔先生和单位同事去陕西省西安市旅游,在商洛地区一农民家中,购得一件青铜器。回京后,他兴致勃勃地拿来给我看,说是让我也欣赏一下。对于古玩,我一向兴趣很大,所以,也很高兴能有这个机会。细察此器,形制规整,铸造精美,锈层自然,属于"开门"的那一种,为商代晚期青铜瓿。

崔先生又把购得此器的经过向我讲了一遍。他虽说是去旅游,但根本就没有心思玩,而是到处打听哪有好藏品。经朋友介绍,他去了商洛一带,才在一农民家中见到了这件瓿。当时他一眼就认出这件东西是商代的,没敢说明,只说东西是老的,问人家要卖多少钱?对方说五万元,他说:"太贵了,给你三万元吧?"对方不同意,最后以四万元的价格买了回来。听完他的故事,我说:"你真是捡了一个大便宜,商周时的青铜器,现在虽说不能上市流通,但在私底下买一件这么大型的,也不止几万元呀!"他不说话了,只在一旁笑。

记得有一次他买了一件青铜鼎拿来让我看,当我告诉他是一件仿品时,他也是在一旁不说话,只是哭丧着脸,走时说了一句:"不怨人家拿仿品来蒙我,只怪我没有眼力,是我修炼得还不到家。"今天拿来一件真品让

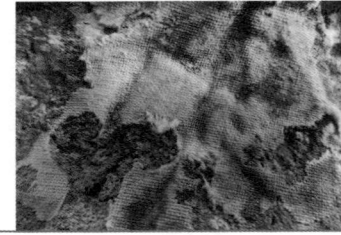

三羊首瓿

年　代	商代晚期
规　格	高 23.3 厘米
参考价	人民币 80 万～100 万元

我看，看来他是真的吸取了教训，学费没白交，工夫也没少下。

最后，崔先生指着这件瓿问我："你看这口沿下有一块布一样的东西，很清晰，为什么青铜器上会有这种东西呢？"果然像他所说的，瓿上的确有布一样的残片。我告诉他："这应该是当年随葬时，将器物用麻织品包裹好后埋入的，几千年后，织品腐烂掉了，但这件器上却奇迹般地留下了这一片，没有腐烂掉，真是太少见了。"

🏵 藏品档案

此瓿高 23.3 厘米，侈口，宽厚唇边，高颈，圆腹，高圈足。在圈足上部有等距离的三个方形孔，腹上部分饰着浮雕三羊首，在腹上部与下部饰以兽面纹，鼻中间饰扉棱，以细云雷纹为地。此器通体有翠绿色锈层，局部可见暗红色贴骨锈，内见闪亮的结晶斑点，颈部留有麻织品残片。整体工艺精细，见有范痕。在外底部，有作为支钉用的小铜钉，此种工艺在商代甚是罕见，应为陶范法所铸。此器鉴定为商代晚期青铜瓿，极为少见，为商代青铜器之精品。

🏵 鉴定常识

瓿为古代盛酒器，也可以盛酱用。它存在的时间，应为商代早期至晚期，在罍出现时（商代晚期），瓿就逐渐消失了。瓿形似罍，但比罍矮小，无耳无鼻钮。又似尊，但比尊肥粗，比尊口小。器身常饰兽面纹、乳丁纹、云雷纹等纹饰。

三羊首瓿

年　代　商代晚期
规　格　高 18.8 厘米
参考价　人民币 40 万～50 万元

实例十一

单柱爵

　　2006年5月，我应马来西亚林先生邀请，前去鉴定一些玉器。经过两次转机，我才飞到了马来西亚槟城。其实我和林先生以前没见过面，他是看过我写的《鉴宝》丛书后才找到我的。

　　在他的家里，我看了不少的玉器，只是眼前桌案上摆着的一件青铜爵，虽不怎么惹眼，但很奇巧。我拿在手中一看，原来是商代早期器。林先生告诉我："这件青铜爵是祖上留下来的，我喜欢玉器，对这件东西不了解，只知道是老的，但它的样子和我见过的古代的爵不太一样，也没拿它当成好东西，因是老人留下来的，就放在案头当摆设了。"

　　我听后告诉他："这是一件商代早期的青铜爵，非常少见。保存得如此完好，很不容易。这种造型也是商代早期青铜爵的典型造型，和后来的爵造型不同。表面包浆明亮，具有一种'熟透感'，说明早年就有人时常把玩。这件爵不要随便放在这里了，应装入匣中好好保存起来。"

　　林先生听我一说，马上找来一锦盒，将爵放好后，非常高兴地说："请您来主要是鉴定一些玉器，您这么一讲，没想到这件铜爵还是宝贝了，这也算是我意外的收获，太谢谢您了。"我说："这次来槟城，也是给我一个学习的机会，您不要谢我，是您的东西不错，好好收藏吧。"说完，我为此爵拍照，以示纪念。

单柱爵

年　代　商代早期
规　格　高 18 厘米
参考价　人民币 30 万～40 万元

🌀 藏品档案

　　此单柱爵高 18 厘米，长流，短尖尾，束腰，平底，下附三棱锥状实足，流右侧有一鋬，因人拿物多用右手，故古代爵均在流的右侧置鋬。流上有一菌状柱分叉立于流后部。器壁较薄，光素无纹，形制精巧，时代特征明显，通体为黑褐色锈层，光滑明亮，具有"熟透感"。此器鉴定为商代早期青铜爵，极为少见，为研究商代早期青铜器提供了宝贵的实物资料，堪称青铜艺术的佳作。

🌀 鉴定常识

　　爵是古代饮酒器，功能上相当于后世的酒杯，为最早出现的青铜礼器，早在二里头文化（夏代）就已开始出现。其基本形状为前有筒瓦状的倾注流，后有尖状的尾，深圆腹，口沿上有两柱、一柱或无柱，下有三锥状长足，腹侧有鋬，由于人们惯用右手拿杯，故鋬多在流的右侧。流行于商代中晚期，西周晚期绝迹。

爵为饮酒器，但也有人认为是温酒、煮酒之用，原因是有个别的爵底部有烟炱痕。其实绝大多数爵是没有烟炱痕的，更何况三足入火后，青铜中的锡易析离而损坏器表，故用精美的爵煮酒、温酒的可能性不大。也有的人认为爵为饮酒器，喝酒相当不便，应为注酒器，在祭祀时将爵中的酒浇到地上，作为礼器之用。总之，爵与酒有关，在酒器群中占据着中心位置。

商代早期爵，长流，短尾，平底，三锥状足细且直，足因细直而有站立不稳的感觉，扁平鋬，柱小而矮，在流折之前。商代晚期爵，流槽变宽，流变短，底为圆形，体长柱高，柱在流折处，柱上有菌形帽，三锥足粗而侈，为斜立状，尾变小。西周早期爵体积变小，流变得短宽，流壁加高，双柱后移，鋬孔也变小，三足变短，足的外侈幅度加大，足呈宽刀形，腹部出现扉棱，铭文位置多在鋬内腹壁上，有的在流壁、尾部、柱外侧等处。

根据时代不同，爵的造型特点也不同。一般规律为：流长者为早，流短壁高者为晚；柱小且在流折前者为早，柱高且在流后者为晚；足细尖直不稳者为早，足粗外侈者为晚。

爵的这种奇特造型，是中国所独有的。在所有青铜器中，爵刚柔相济，极富装饰美。与流相对的角实用价值不大，为均衡对称美，使观者心理保持平衡。流口为圆弧形，角为三角形，恰好一柔一刚，构成了异乎寻常的美感。

实例十二

天罍

2007年，应收藏界朋友的邀请，我到河南省去考察当地的古玩情况。这次河南之行，我的收获很大，非常有幸在洛阳市李先生家中，见到了一件青铜罍。

这件青铜罍的形制较大，属于青铜器中的重器，品相完好，铸造精美，器上有一"天"字铭文，经鉴定为商代晚期的青铜器，为我所见到的青铜罍之精品。

李先生向我介绍，这件青铜罍是他几年前从别人手里买下来的，当时他的感觉是这件青铜器一定是真品，是什么原因他也说不太明白，只说凭的是感觉。买下来后，专家对它的评价褒贬不一，不过他自己对这件宝贝非常自信，一直都是非常仔细地保藏着这件青铜器。

听完我对这件青铜罍的鉴定结果后，李先生非常欣慰地对我说："今天听到您的话，我就像吃了一颗定心丸，以后搞收藏也更有信心了。"

商代青铜器

藏品档案

此罍高31.5厘米，侈口，束颈，圜底，腹部鼓出，下承三粗状

天罢

年　代　商代晚期
规　格　高31.5厘米
参考价　人民币300万～350万元

棱形足，中空外撇。腹一侧有兽首鋬，器壁厚实，口沿为二方形柱，上有菌形帽，在一菌帽背面，铸有一"天"字铭文，应为族氏铭文，颈部饰夔纹，腹部以细云雷纹为地，上置兽面纹（饕餮纹），间有扉棱。此器通体锈层复杂，呈绿、红、黑等色泽，坚硬牢固，局部有泛铜（返金）现象。范线明显，为陶范法所铸，器成后经过精心打磨整理。

青铜斝为商周礼器之重器，历来发现的数量很少。此斝雄浑庄重、纹饰清晰、工艺精湛，代表了商代青铜器铸造的高超工艺水平，为商代晚期青铜斝，极为珍贵。

鉴定常识

斝是古代饮酒兼温酒的酒器，斝形似爵但比爵大，容量也较大，基本形制为三足，无流无尾，却有两柱，圆口，平底或圆底。扁平式或方形鋬手，锥形足，中空外撇。流行于商代，西周早期以后消失。

兽面纹斝

年　代	商代晚期
规　格	高41厘米，口直径22厘米
参考价	人民币150万～200万元

商代青铜器

实例十三

兽面纹觚

2006年9月，经朋友的介绍，我认识了北京的冯先生，在他家中，见到了一件非常难得一见的青铜觚精品。这件青铜觚虽说锈层较厚，有一部分纹饰不清晰，但它优美传神的造型，矿藏般的叠压锈层，简洁精致的纹饰等，均证明此器为商代青铜觚无疑。

冯先生告诉我说："此器收藏有20多年了，当时买下它的时候花钱并不多。不过这件青铜器有一个特别之处，就是锈层较厚，我几次想清理一下，又恐不得法，再给整坏了，所以至今还保持原貌。"

我认真地对他说："你最好还是不要清理了，就这样保持原貌为好，因为如果把锈层清理了，一旦方法不对，或是手法掌握得不好，反而容易弄巧成拙，使它成了伪器了。我劝你一定不要动它，就这样挺好。"冯先生同意我说的，很小心地把此器放回锦盒中。

一件青铜器的古朴美丽之处，往往体现在它厚重的锈层结晶上，而且人们也往往要从锈层的细节来鉴定它的真伪，因为真正的青铜器锈层是无法伪造的。

兽面纹觚

年　代　商代晚期
规　格　高 24 厘米
参考价　人民币 80 万～100 万元

藏品档案

此觚高 24 厘米，饮酒器，外侈口，厚方唇，束颈，圈足，颈饰仰叶纹，腹、圈足饰兽面纹，以细云雷纹为地，高圈足上有两个十字形孔。该器造型简约明快，纹饰工细流畅，鉴定为商代晚期青铜觚，有很高的艺术研究价值与收藏价值。

鉴定常识

觚是饮酒器，其名称为宋人所起，沿用至今。觚与爵常伴随出土，也有和斝组合的。青铜觚源于陶觚，流行于商代，衰落于西周中期。商代觚多为侈口，中细腰，往下微侈，下加一段圈足，上面多有宽大的十字形孔。商代晚期腹部加深鼓出，还出现了一种细腰的觚。西周时期觚与商代晚期相似，体上多铸有凸起的扉棱，此时漆木觚代替了青铜觚，西周青铜觚趋向衰落。青铜觚的铭文多在圈足内侧，极少有在口上的。

觚的特点为：口越侈越晚；鼓腹有扉棱者晚（西周）；圈足有壁高者晚；圈足上的十字孔粗大者早。

兽面纹觚

年　代　商代晚期
规　格　高 27 厘米
参考价　人民币 50 万～70 万元

实例十四

凤鸟纹觯

2007年7月10日,在河南省郑州市古玩鉴定会上,一位先生拿来一件青铜器说:"我这件东西是真器,就是不知道叫什么名字,今天拿来请您给看看,它到底是一件什么东西?"

看后,我告诉他:"此器是商代晚期青铜器,名字叫觯,是饮酒用的,相当于今天的酒杯,但比杯要大。品相很好,您好好收藏吧。另外,我想问一下,您刚才说这件东西肯定是真的,曾找人看过吗?"

他说:"没有找人看过,是我爷爷留下来的,他特别喜欢古玩,也很懂,曾经告诉过我们这件东西叫什么名字,挺怪的,早就忘掉了,只知道是很古老的东西,一直放在家里,从没拿出来过,今天您来了,才拿出来。另外,您能告诉我'觯'字怎么写吗?"我写给他看,并说:"这件东西很珍贵,非常少见,这是您祖上留下来的一件传家宝,希望您继续好好保存下去。"

他一再表示感谢,很高兴地走了。

商代青铜器

🌸 藏品档案

此器高20厘米,扁椭圆体,宽口,口部外侈,腹宽而深,高圈足。

凤鸟纹觯

年　代　商代晚期
规　格　高 20 厘米
参考价　人民币 50 万～60 万元

盖顶为半圆环形纽，盖上与腹上部各饰长尾凤鸟一周，中间隔以扉棱，均以浮雕技法制成，极具时代风格，工艺精湛，气势灵动，通体光亮，有银白色光泽，明亮沉稳。其局部有绿色锈层，整体保存完好，甚为少见，鉴定为商代晚期青铜觯，是商代青铜器之杰作，弥足珍贵。

鉴定常识

觯为饮酒之器。《说文解字·角部》："觯,乡饮酒角也。"《礼记·礼器》："尊者举觯。"觯出现在商代晚期,流行于西周早期,西周晚期时绝迹。觯有两种形制,一类为扁体,一类为圆体。这两类于商代晚期至西周早期均有,只是圆体的沿用至西周晚期。觯的形制为圆形,似尊,容量却比尊小。鼓腹下垂,圆足,无流无柱无尾,形似小瓶,适于手执,或有盖,或无盖。商代觯多为侈口,短颈,鼓腹,圈足,西周时体变长,口近似于现在的瓶口。扁体觯初见于商代晚期,流行于西周早期。

商代青铜器

兽面纹觯

年　代	商代晚期
规　格	高 28.3 厘米
参考价	人民币 60 万~ 80 万元

实例十五

龙纹戈

2009年11月15日,应内蒙古元上都博物馆呼和浩特分馆的邀请,我们驱车前往参观。

到达呼和浩特分馆后,一下车我们就立即饶有兴趣地开始欣赏馆内的藏品。馆内藏品丰富,其中不乏精品、珍品,在参观的过程中,有一件商代青铜戈很快吸引了我的目光。

这件青铜戈应该是商代晚期的,从造型、品相、纹饰和保存完好的程度来看,都十分难得和少见,因此有很高的收藏价值。

戈是兵器中的一种重要类型。在商周时代曾大量铸造青铜兵器,它是当时的统治阶级——奴隶主们维护国家政权的武器。对于在作战中能取胜的利器,奴隶主们毫不吝啬地使用珍贵的青铜,虽然历经了战争的大量消耗,在遗存的青铜器中,青铜兵器仍然是一个大类。

藏品档案

此戈长23.1厘米,长援,中部有脊,前锋与刃部锋利,内上铸有龙纹,上有一方形孔,通体锈层为翠绿色,坚硬美丽,保存完好,为商代晚期青铜戈，甚为少见，有很高的收藏价值。

鉴定常识

戈是古代钩杀的兵器，用于进攻，古称钩兵。它由四部分组成，为援、阑、内、秘（即柄）。其每一部分均有名称，以戈头部来讲，它的长条形锋刃称为援，舌尖部称为锋，连接援的插入部分，即戈后尾称为内，援与内的分界处突起部分称为阑，其中有孔称为穿。穿是用以系皮革或动物的筋来使戈头缚在柄上，柄多为竹、木制成，多年早已腐朽，出土的戈均少有柄，有的戈的阑处，可见皮革捆绑的痕迹。援的下刃延长成弧形部分称为胡。戈的形制比较复杂，主要有直内戈、曲内戈、銎内戈等形制。戈最早见于夏代，盛行于商代至战国时期，秦代以后消失。

两军交战时，用戈来横扫对方，戈头的刃口就会钩住对方的脖子，

商代青铜器

龙纹戈
年　代　商代晚期
规　格　长23.1厘米
参考价　人民币20万～30万元

再用力一拉,就会割断喉咙,"两戈相交必有一残",所以"残"字有两戈相交之意。战争是为了扩大疆域,获取财富,青铜器为国之重宝,是政权的象征。"钱"字为两戈相交,旁为"金"字旁,即代表青铜器,因古时将铜就称为"金"。"钱"字就说明了这一点,为了夺取对方的政权和财富而有战争。在古代汉语中,"戈"是兵器与战争的代名词,如"大动干戈","同室操戈","化干戈为玉帛"等,凡是与战争有关的象形文字,大多以"戈"做偏旁,如"武"、"战"等。

戈的断代主要有三点:援下刃的胡越长,弧度越大,年代越晚;援细长而上扬,上扬越大,年代越晚;内越长越上翘,且有刃者,年代越晚。

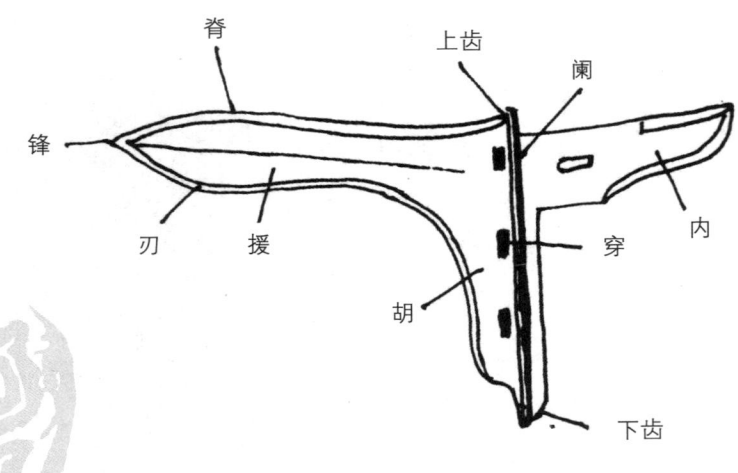

戈的各部位名称

实例十六

大矛

2009年11月15日，我在内蒙古元上都博物馆呼和浩特分馆古代兵器仓库内，见到了不少青铜矛，从商代至战国的都有，其中商代的矛很有特点，老旧与时代特征极其明显，对于鉴别真伪很有说服力，特以记之。

矛是一种古老的兵器，长柄，有刃，用以刺敌，是兵刃中最长之物，故有丈八蛇矛之称。其中所谓丈八者，是以周尺计的，折合成今天的长度单位，相当于现在的一丈四尺多（约4.5米）。由此我们也可以推测，矛产生的年代，至少是在周代或周代以前，历史悠久。

矛是车战时代的产物，因为那时两阵相距较远，非长兵器不能及，故只能利用枪矛作为进攻的武器，并配合以箭弩，而矛之所以长丈八者，也是由于这个原因。到了马战时代，矛就有些不合适了，因其太长，在马上作战时不免有活动不便之弊病，故用矛的人渐渐就不如用枪的人多了。

商代青铜器

藏品档案

此件矛长18.4厘米，狭叶刃，两翼尚未形成，在脊两侧为凹下纹饰，骹较长，上有一穿孔，孔上铸有一"大"字铭文。整个矛为黄绿色锈层，为水坑器，从造型、铸造工艺等特征来看，均符合商代早期器特征，鉴定为商代早期青铜矛，极为少见，保存完好，有很高的收藏价值。

鉴定常识

矛是用于冲刺和扎挑的兵器，古时主要与盾配合使用，由于盾多为木头或皮革制成，现多已腐朽，所见实物极少。矛的尖头部位称为"锋"，上部两侧称为"翼"，其边沿称为"刃"，中间称为"脊"，下部称为"骹"，其两侧如有系，称为"纽"。其形制主要有阔叶刃矛、凹口式矛和叶刃带系矛，盛行于商周至战国时期，东汉以后，铁矛完全取代了青铜矛。

商代早期的矛较狭，商代晚期至春秋早期多为阔刃，即中间肥大，两边有宽翼，呈叶形，春秋中晚期以后

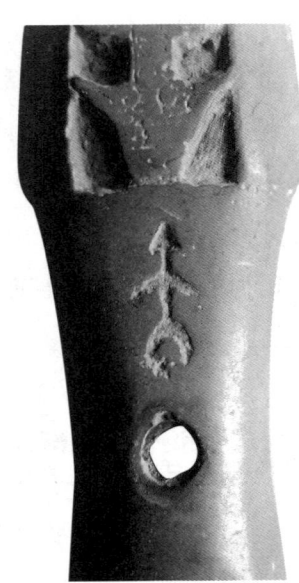

大矛

年　代　商代早期
规　格　长 18.4 厘米
参考价　人民币 15 万～20 万元

又多狭刃，有的带有血槽，形制变化较大，战国时期矛细长，两翼变小。

矛虽体积小，造型简单，但威力较大，是常用的进攻性兵器，需求量大，故遗存也较多。后来在矛的基础上发展的带缨的枪，更具杀伤力。

矛
年　代　商代晚期
规　格　长23厘米
参考价　人民币8万～10万元

矛
年　代　商代晚期
规　格　长25.6厘米
参考价　人民币8万～10万元

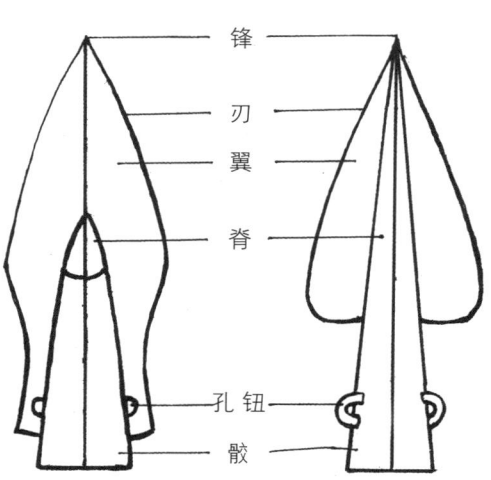

矛的各部位名称

实例十七

夔纹钺

2009年11月15日，在内蒙古元上都博物馆呼和浩特分馆的兵器库中，我见到了几件青铜钺。主管人介绍说："我们准备搞一个古代兵器展览，库中所收藏的兵器较多，总体上您再把把关。青铜钺收藏就这几件，我们初步鉴定为真品，您再给看一下。"

看后，我告诉他："这几件都是真品。"然后我拿起一件说："这件夔纹钺很有代表性，而且年代也早，为商代中期的，甚为少见，尤其是它的范铸原理，很有时代特征。我也见过类似这种青铜钺的仿品，都是按照图片仿的，只是形似，其余特征均差得很远。将来搞展览，在说明中一定要介绍它的铸造原理，这样才更有意义。"主管人表示同意我的看法。

在离开兵器库之前，为了写书的需要，我把此钺照相后，小心地放回了原处。

藏品档案

此钺长11.8厘米，斧状、平肩、直内，援部呈长方扁平形，中间有一大圆孔，宽弧刃，两角外侈。阑部有两个对称的长方形穿孔。

夔纹钺

年　代　商代中期
规　格　长 11.8 厘米
参考价　人民币 30 万~50 万元

援部周边饰对称的夔纹和云纹。

此钺的纹饰面与无纹区在同一平面，纹饰的地张低于基体面。这是在无纹钺的范面上起稿后粘贴泥条，铸后清理掉泥料即为纹饰。这是商代中期才开始有的纹饰堆雕技术，就是用泥条粘贴到范面而形成纹饰的技术。它改变了商代早期用压塑技术产生的凸起纹饰的局面，而出现了凹槽纹饰。

此器锈层坚硬，包浆浑厚，纹饰清晰流畅，鉴定为商代中期青铜钺，甚为少见，实为难得的珍品，为研究商代铸造工艺，提供了宝贵的实物资料。

鉴定常识

钺是古代的兵器或刑具，用以砍杀，源于新石器时代的石斧，因此形状似大斧。刃部多为弧形，直短内，后有穿，有的身上带有精细的纹饰。其形制有大孔平刃阔内式、銎狭刃式等，多见于商代和西周早期。

钺也是具有权杖性质的一类兵器。史书记载，周武王伐商，在牧野誓师时，"左仗黄钺，右秉白旄"。纣王兵败自焚后，武王以黄钺斩纣王头，因此钺是具有征伐权力象征的兵器，这种权力也适用于诸侯与重臣。所以，钺有时也起着仪仗的作用。

由于钺是带有王权含义的兵器，象征统帅的权杖，因此，古文字中的"王"字，就是由钺的造型演变而来的。春秋以后，钺逐渐减少，但其象征权力和威严的礼器功能却保留了下来。很多建筑和墓葬中的门神及宗教中的天王像等，手中也多执钺。

人面纹钺

- **年　代**　商代晚期
- **规　格**　高29厘米
- **参考价**　人民币30万～40万元

龙纹钺

- **年　代**　商代晚期
- **规　格**　高15.6厘米
- **参考价**　人民币20万～30万元

西周青铜器

西周早期

这段时期的青铜器,就器物形状和纹饰而言,承袭商人遗风。但在青铜铸铭方面,形成了自己的风格,铭文有丰富的政治内容。但是,传世和出土的周初青铜器中,由于周朝王室将商代遗留的许多宝物分赐给自己的大贵族,因而有大量的商代青铜器在周初墓中仍可以发现。

在鼎类器物中,流行的主要有两种,一种是口圈呈圆角,腹部庞大而下垂的兽蹄足鼎,如德鼎、大盂鼎、外叔鼎等都是这种样式,中小形鼎也很普遍,它一直流行到西周中期。另一种是鬲鼎,即所谓的分裆鼎,比商代晚期的更为流行,但分裆越来越浅,鼎做成袋足,目的是为了扩大受火面积。到了西周早期,鬲鼎多是只有形式,袋足几乎成了残痕。方鼎仍然是长方形的,形体没有多大变化,有少数敛口垂腹四角圆浑的有盖方鼎开始出现,鬲类器物中深袋足的束颈鬲逐渐减少,出现了形体较低而阔的几种样式。

这个时期的簋类器物变化比较显著。方座簋的出现最为突出。方座簋是始于周初的特有形式,在殷墟或相当于殷墟时代的墓葬或传世器物中,还从来没有发现方座簋的。西周簋的设计趋向于加高圈足,也就是提高簋体的高度,有的双耳下面有长珥,为了解决支撑的问题,在两侧又加上垂珥,成为四耳簋,用四根柱状的珥把鼎体悬托起来,有的四耳做成兽腿形状,非常好看。

尊类器物中,比较盛行的是无肩觚形尊。成王、康王时期有一类器体比例较高，圈足下方常设有宽阔的边圈用来增高气势，例如成王五年的何尊就是一例。也有不加圈的，高度一般，是商代晚期的沿用。另一种觚形尊腹部呈圆弧状鼓出，是新型的一种。

卣类器物在西周早期最为流行，现存的青铜卣中，卣和尊是周初两种最重要的酒器。卣的形体大致可以分为两类，一种是椭圆扁体卣，一种是直筒形卣。这个时期椭圆扁体卣比较普遍的特征是器腹下垂。

西周早期爵的特点是，形体高低各异，大部分流部两侧前端高于后端，是多数爵器的共同特点。觚因为沿袭商代晚期的较多，许多样式都没发生较大的变化。

再来看看纹饰方面的发展，由于周人尊礼尚德，在继承商代纹饰的基础上，他们进行了较大的改造，兽面纹的许多特征还是被保留了下来，但构图更加疏朗，线条柔和，已摒弃了商代晚期的威严之感。此期的一类兽面，除了鼻梁、眼睛之外，躯体由三列雷纹组成，并延长呈带形，上列的羽毛呈列旗状。鸟纹在周初却得到了很大的发展，数量显著增多，并从过去的带状配饰，变成了主题花纹。其形式繁杂，有弯曲鸟纹、长冠鸟纹、多齿鸟纹，另外，还出现了占据器物主要部位的花冠大鸟纹，其构图华丽，形体庞大。这种鸟纹在西周中期特别盛行。

西周早期青铜器最明显的发展，是大量长篇铭文的出现。其主要表现为长铭文数量增多，记

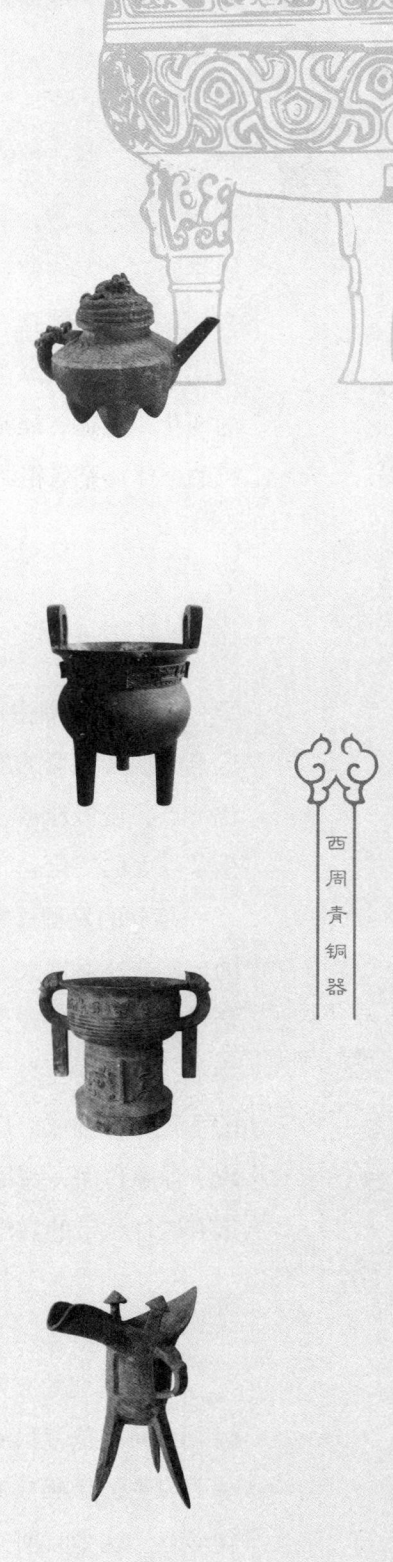

西周青铜器

事性内容较丰富,商代铭文最长不会超过五十字,铭文末多有族徽。而西周早期数十字的铭文却普遍出现,有的铭文多达四百余字。这个时期的铭文,除了标识器物主人和祭祀亲属外,最主要的用途还是记事。周人把青铜铭文当做记载家族和个人荣誉与地位的手段。此时,铭文书体也有明显的变化,笔道首尾都出锋,清劲隽美,结构严谨,行款有序。此时期较流行的书体还是风格质朴,结构适中,不露或是少露锋芒的。

西周中期

所谓的西周中期,主要是指穆、共、懿、孝、夷五王在位的百余年。这个时期青铜器的发展,到达了一个新的成熟阶段。早期所带有的殷商文化特点,慢慢地被一种全新的艺术所代替。从造型设计到纹饰构图,都发生了巨大的变化。

墓葬的发掘资料表明:贵族高级礼器组合中,鼎簋成套出现,甗、鬲的比例在这时增大,大多都有一套盥洗用的水器,有的还有编钟,酒器数量不多。低级贵族仍然较多地使用鼎、簋的食器组合。这个时期的各类器物中,鼎的变化较大,有器体宽大而浅的垂腹附耳鼎,还有柱足和兽蹄足的垂腹鼎,都成为后来盛行的式样。中期后段鼎腹微向外倾,柱足上又出现了浮雕兽面,蹄足也多了起来。簋类器物中,敛口扁圆体、环耳、圈足,下有三柱状足的簋作为新式样出现,敛口平行瓦棱纹簋后来相当流行。

这一时期的乐器有很大的发展。甬钟能产生双音,还有钮钟,但都不能产生高音。

西周中期的纹饰变化很大,装饰艺术转向质朴无华,以简洁明快为时尚。布局以条带状的二方连续为最多,通体满花的现象较少,表现手法以平雕为主,浮雕减少,但是在一些器耳、盖纽和附饰上却使用了圆雕的动物形态。这个时期兽面纹衰落较快,作为主体花纹的兽面也都经过简化和变形，躯体分解，构图凌乱，有的兽目变成两个小圈，放置其中，丧失了兽目存在的意义。虎、牛、象、龟、鱼等动物纹不再被使用，凤纹是这一时期具有特征性的纹饰，大凤纹最为流行，通常都是呈对称回顾形排列，有长而华丽的冠或分冠。此时最为流行的还有重环纹、窃曲纹和瓦纹。重环纹的基本特征是呈长方形环，一端为半圆形，一端内凹出角，整体略呈椭圆形，环分别为一重、二重、三重，由多个重环组成环带。它除了作为单一纹饰装饰在铜器上外，有时也与其他纹饰相配出现。窃曲纹是由两端回钩或呈"S"形线条组成的扁平图案，中间填有目状纹，形似兽体而不辨首尾。瓦纹是由平行凹槽组成的，常饰在器物的腹与颈上，始见于殷商晚期，盛行于西周中晚期。鸟纹也发生了巨大的变化，长尾鸟纹是较多的一类，鸟尾逶迤的长度常为鸟体的二倍至三倍，而且其延长的部分多与鸟体分离。鳞纹也是这一时期的主要纹饰。鳞纹又称鱼鳞纹，像鱼鳞一样上下几层重叠出现，鳞片布满了整个器物。总结起来，西周中期纹饰的特点是：变形较多，连续式取代了以往的对称式，繁缛富丽的满身花纹向简洁明快的条带状花纹发展。

  西周中期的铭文，除穆王时期一些作战记功的铭文以外，多为册命的记录，具有固定的格式，内容为封官、世袭等事件。各种铭文的形式，也有了一定的规范。

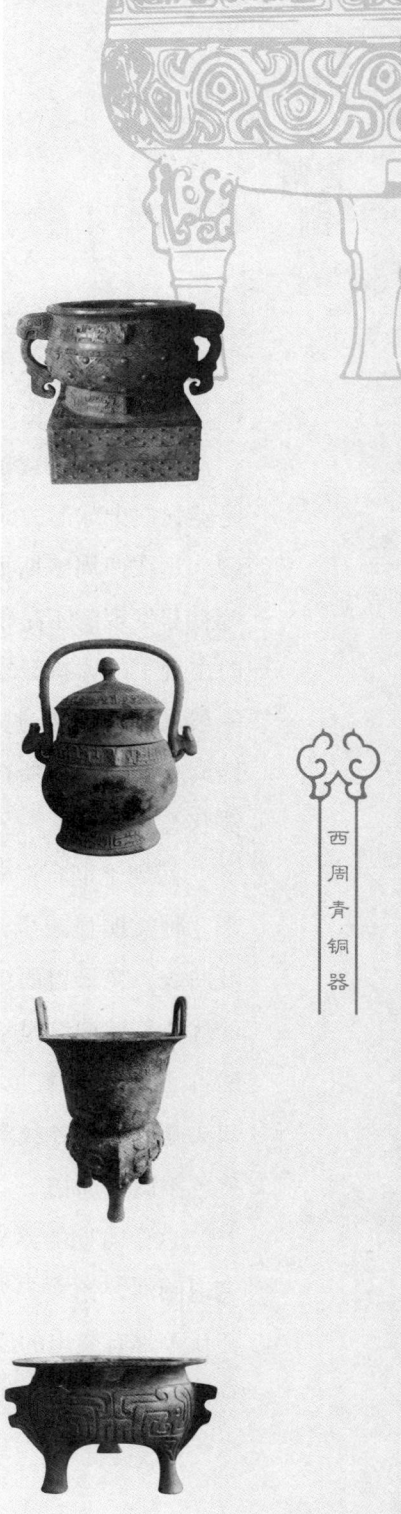

西周青铜器

西周晚期

　　西周晚期指从厉王、共和、宣王到幽王四世的近百年时间，此期青铜器经过了中期的交替过程，种类和形制减少，造型和纹饰都比较简朴实用，而且趋向于程式化和定型化。器物与中期的大体相同。

　　西周晚期的鼎流行最多的有两种，一种是沿用中期的垂腹鼎，另一种是器腹似半球形的鼎。以上两种都是兽蹄足。鼎腹可以分为深、中、浅三类。盨、簋在西周晚期很流行，比较起来，前者遗存的数量多于后者，簠、豆等食器发现的不是很多，许多都是用漆木制成的，因而不易保存。不过此时出现了一种新型的铜器镈（音同搏），它是钟的一个分支，与钟有点区别，一般从造型上来进行区分，即口呈桥形者为钟，平口者为镈。总的来看，西周晚期的青铜器在形制上没有很大的发展，品种也不多，基本上处于停滞状态。

　　西周晚期青铜器的纹饰构图简洁疏朗，刻画粗壮有力，与中期比较起来，种类明显减少，雷纹简化，鸟纹销声匿迹，立体动物附饰也不发达。波曲纹、变形兽面纹、兽体卷曲纹和鳞纹，在此期的所有纹饰中占有绝对的优势。波曲纹呈波浪起伏状，在波形纹之间常填上眉形或口形纹样，有的称之为环带纹，常被饰于鼎、壶等大器上，气势宏伟。此外还有弦纹、双头夔纹和蟠蛇纹等。总的来看，此期纹饰简单、呆板，其艺术价值远远逊色于商末周初。

　　这个时期的铭文书体，大篆最为成熟，字体优美，结构和谐，书写便捷，笔道圆润。铭文多为长篇巨著。内容除了册命官职之外，对淮夷的控制和征伐等都有突出的反映。

实例一

作保父鼎

2007年6月,北京的王先生拿来一件青铜鼎,请我给看看真伪。

我仔细地看过后,对他说:"你的鼎是西周时期的,的确是一件好东西,很开门,又很少见,造型和纹饰非常有艺术美感,又有铭文,有很高的收藏价值。"王先生听后很高兴,他接着又问我,他的这件青铜鼎目前能不能拍卖。我告诉他:"青铜器受国家保护,不能拍卖,您先自己收藏吧,以后有机会可以转给收藏界的朋友。"王先生表示同意,很高兴地走了。

西周青铜器

这件鼎的造型比较新奇罕见,显示了鼎在这一时期的变化。青铜鼎虽说最初是用于蒸煮肉食的炊器,但后来成为王室贵族的一种重要的礼器,象征一统天下,带有很强的政治意义。由于用鼎的时间跨度较大,所以其造型在各个年代也有些变化,整体上可以说是复杂多变的,但是不管怎样变化,万变不离其宗,最基本的"一腹、两耳、三足"的形制并没有变化。

藏品档案

此鼎高29.5厘米,双立耳,三柱足,侈口厚壁,颈部呈直圈形收缩,圆鼓腹。颈部饰夔龙纹一周,间饰扉棱。夔龙为头尾横列,身下两

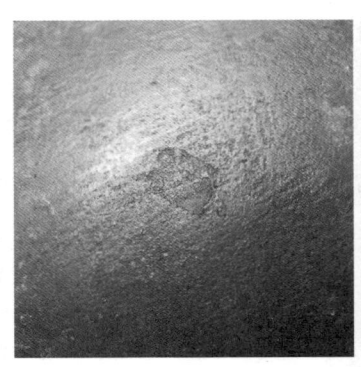

作保父鼎

年　代　西周早期
规　格　高 29.5 厘米
参考价　人民币 200 万～250 万元

足,一角卷曲于脑后,卷尾,头作回首状,细云雷纹为地。纹饰清晰,线条刚劲有力。柱足饰蕉叶纹,腹底部见有三角范线和垫片。

此器通体为亮黑锈层,腹内部见绿、蓝色锈层,坚硬、自然,口内沿一侧有"作保父鼎"四字铭文,字体舒展圆浑,朴实遒美,为西周早期流行的金文书体。

此器造型新奇,上部似鬲,比例协调,线条流畅,凝重中含有灵动之气,为商周鼎类中罕见之造型。通观此器,外表包浆自然,范铸痕迹明显,纹饰为堆塑技术,即在泥范面先压塑主纹,再在主纹中堆塑细纹,铸出的纹饰丰富美观,具有地纹、主纹和主纹上的细阴线纹,即俗称的"三层花纹",给人一种刚柔相济的美感,极其难得,为西周早期青铜鼎之珍品。

兽面纹鼎

年　代　西周早期
规　格　高38.8厘米
参考价　人民币100万～150万元

兽面纹鼎

年　代　西周早期
规　格　高28厘米
参考价　人民币60万～80万元

实例二

兽面纹鬲

2007年11月10日，一位先生拿来一件青铜器，让我给看一下真伪。

这位先生说："此器为水坑器，很多人看不明白，今天拿来请您给看看。"我说："您能说此器是水坑器，说明您也比较懂铜器。水坑器确实不如土坑器容易鉴别，因为它没有各种锈层作为鉴定依据，只有薄薄的一层锈。现在作伪的手段又很高明，鉴别起来还真有一定的难度。但是伪品的锈层表面似磨砂玻璃，浑浊不清，而真品锈层则亮丽、莹润，用40倍放大镜观察器表，透过锈层可见下面有制范时留下的零乱指纹，铸造时在器表留下的痕迹，也有铸后整理时留下的不规则、粗细不一的打磨痕，仿品则根本没有以上特征。"

说着，我把放大镜给他，并说："您自己看，此器有没有我说的这些特征？"他拿着放大镜仔细看，边看边说："有，看到了，真像您说的里面是有东西。"旁边的人争着拿过放大镜来看，也感到很新奇。

我说："其实这只是一方面，虽说有这些特征，还应全面地看，才能下结论，但如果连这起码的特征都没有，其余的特征也不用看了，肯定是伪器。"

兽面纹鬲

年　代　西周中期
规　格　高 10.3 厘米，口直径 15 厘米，
参考价　人民币 20 万～25 万元

西周青铜器

🌀 藏品档案

此器高 10.3 厘米，口直径 15 厘米，广口、宽平缘、无耳、束颈、鼓腹、圆肩，裆部近平，三足呈兽蹄形，在宽缘上有铭文一周（字体因腐蚀较重，已不易辨识），腹部饰兽面纹，中间有扉棱，此种样式在西周中晚期颇为流行。

综观此器，无人工作伪痕迹，外表锈层坚硬亮丽，呈黄绿色，

地域特征明显,应为安徽一带出土的水坑器。鉴定为西周中期青铜鬲,有很高的历史研究价值与收藏价值。

鉴定常识

鬲是古代炊器的一种。《汉书·郊祀志》谓鼎之"空足曰鬲"。可见鬲的形状是似鼎而空足。鬲多为炊粥之用,大口、中空足、袋形腹,为其显著特征。袋形腹因受火面积大,能较快地煮熟食物。铜鬲是由新石器时代的陶鬲演变而来的。始于商代早期,流行于西周中期至春秋时期,战国以后消失。青铜鬲为圆体和四足方体两种,圆体鬲最常见,而方体鬲则很少见到。鬲的耳、口、颈、足等变化较大,也是断代的依据。耳的变化就有直耳式、无耳式、附耳式;足则有分裆足、连裆足;颈则有长颈、短颈和束颈等。直耳鬲盛行于商代至西周早期,无耳鬲流行于西周中期至春秋早期,附耳鬲则流行于西周时期。商代和西周早期鬲为撇口沿和卷口沿,西周中期至春秋流行板沿鬲,春秋时鬲的板沿比西周时期宽大,其板沿外围大于腹围。敞口沿和方沿盛行于西周时期,商代至西周流行圆而深腹的分裆鬲。西周中期至春秋流行扁圆体弧裆或平裆鬲。商代鬲多为锥足,而西周鬲则多为柱足。

总之,商代早期鬲为无耳,中晚期为双立耳,腹部多有纹饰,铭文在口沿内侧。西周早期鬲多为厚体,高颈,柱足中空。西周中期至春秋时期,鬲体横宽,板口沿,有的腹部饰有扉棱,鬲的铭文多数在腹内侧、内底、板沿上和口沿内侧。

实 例 三

芮叔鬲

西周青铜器

2008年10月12日上午,老朋友陈先生给我打来一个电话,说是有一件青铜器让我给看看,东西没问题,只是上面的铭文不认识。我说:"东西对吗?拿来我看看实物。"

下午陈先生一进门就说:"东西拿来了,真的很开门,只是铭文认不出来。"陈先生搞铜器收藏多年,眼力不浅,东西应该不会错的。这是一件青铜鬲,果真如他所说,无论从哪个方面来看,此器都应为西周早期青铜鬲,腹内壁铭文,我看了看,除了有一个字盖在锈层下,不易辨识外,其余的不难辨认。

我和他讲:"不认识的字有待于以后研究,此器的确很开门,现在还能收到这么好的东西,真是不容易。"陈先生说:"这件青铜器是我无意中碰到的,人家也懂,知道这件是真品,已经收藏好多年了,开始不想卖给我,经不住我隔三差五地上他家去,人家看我真心想要,才忍痛转让给我了。我过去也收藏了一件青铜鬲,但远不如这件好,你看这锈层,多漂亮,再看这铭文,虽然我不认识,但一看就知是原铸的,这件东西没得挑。拿来之前我就知道,你一看准高兴,我没骗你吧。"

我说:"我的确替你高兴,你很幸运,现在仿品这么多,收到一件真

芮叔甗

年　代　西周早期
规　格　高 40.7 厘米，口直径 26.5 厘米，
参考价　人民币 100 万～150 万元

品还真不容易，以后再有好东西一定拿来让我看看。"他说："那是自然，独乐乐不如众乐乐，将来我还要办一博物馆呢，让大家都来看。"办博物馆是件好事，我祝贺他早日成功。

藏品档案

此甗高 40.7 厘米，口直径 26.5 厘米。为甑、鬲联体，圆口外侈，索状直立耳，深腹、束腰，腹内有箅，箅上有五个十字形孔，有一铜环将箅和甗体衔接，口沿下饰三组兽面纹饰带，以精细云雷纹为衬地，以扉棱为鼻，下体为鬲形，分裆，三长柱足，鬲腹部饰三个浮雕牛首纹，粗犷有力、庄严典雅、浓厚凝重，腹内壁铸十四字铭文"芮叔□之作考用，子子孙孙永宝用"。"芮"，金文有作"内"者，为古国名。文字仍然承袭商代风格，古典而不易解释，字体舒展优美，气魄雄伟，有商代秀丽的意韵，更趋于典雅。

此器通体为红、黑、蓝、绿等锈层，叠压如矿层，有人认为锈层最不好辨识，假锈做得跟真锈一样，参照此器，就可以看出，真锈同人工做的伪锈不同。真锈是从器内向外一层层生出来的，而假锈则是从外向里做上去的，二者方向不一样，由此可见，伪器的锈层永远也成不了真锈。器底见黑色烟炱痕，真实自然，铸缝明显，为三块范所铸成。此器为古代青铜器中比较开门的那一种，与辽宁博物馆所藏的"伯矩"甗在造型、尺寸与纹饰等方面均极相似，鉴定为西周早期青铜甗，是青铜艺苑中的瑰宝。

鉴定常识

青铜甗为古代炊具，如同今天的蒸锅，分为上下两部分，上部用以置食物，称为甑，下为鬲，用以煮水，上下之间隔一层有孔的铜片，称为箅，用以通蒸汽和放食物用。青铜甗是由新石器时代陶甗演化而来的，始于商代早期，盛行于西周至战国时期，沿用到汉代。甗也是大多数墓中青铜礼器的必有之器，它和鼎、簋、豆、壶、盘组成一套随葬礼器。

商代的铜甗为合铸圆形，腹部直深，直耳或扳耳，直口，此时箅上有三至九孔，而四、五孔居多，分裆底、尖锥足。西周早中期仍为合铸圆体，腹比以前浅，出现了附耳，侈口，圆形柱足。西周晚期出现分铸圆体，即上下部分分开铸造，上部分甑底下有圈足，底上有透孔，代替箅用。春秋时期沿用西周晚期的分铸甗，腹部由上向下渐收，附耳，侈口、敞口均有，箅为长条孔，弧裆、平裆均有，此时还出现了方体分铸甗，战国、汉代有圆形和方形合铸体甗，此时上部分腹粗，呈圆筒形，耳为兽面形，附耳外撇，半圆形足和蹄足均为实足，为此时的重要标志。铭文在口下腹内壁或下部鬲底和甗的上腹外面，汉代铭文皆为刻铭。

总之，青铜甗明显特征为：

1. 上下部分合铸的年代早，分铸的年代晚。

2. 上部腹深的年代早，腹浅的年代晚。

3. 小口直耳的年代早，大口附耳的年代晚。

重环纹甗

年　代　西周晚期
规　格　高 37.5 厘米
参考价　人民币 30 万～40 万元

实 例 四

容伯方座簋

2008年9月,在河南省洛阳市一个民间举办的文物鉴定大会上,我见到这件青铜方座簋。

当时,有一个人给我递上了一张照片,上有一个青铜方座簋,看起来很开门,很有可能是一件真品。藏家问能否看照片来鉴定,我对藏家说:"没有看到实物,光看照片,我是不能下结论的。这也是我做鉴定这么多年来给自己定的规矩,东西一定要过手。"于是藏家问我能否到他的家中去看,我觉得这也是一个增长自己见识的机会,于是就答应了。

到了他的家里,见到实物之后,我更肯定了先前的想法,东西是真品,而且是西周时期的,非常珍贵。

藏家说,这件青铜方座簋是他花了挺高的价钱收来的。虽然自己有些自信,但还是略微有些不放心,想听听专家的意见。

我一听,反问他道:"你先说说你是用什么方法鉴别是真品的呢?"

他说:"用针扎铜锈,真的非常硬,扎不进去,假的是用胶水粘的,能扎进去,针还掉不下来;用火烧,真品不好烧,还会发出炸裂声,假的烧得着,还会冒烟,能闻到塑料的气味;把水喷到铜锈上,看看铜锈亲不亲水……"

容伯方座簋

年　　代	西周早期
规　　格	高 22.5 厘米，底座边长 18.5 厘米，
参考价	无

我对他说："你说得有道理，我补充一点，鉴别铜锈的真假，关键要看有没有结晶斑。结晶斑是器表绿锈下面红、黑相间的凸斑，迎光侧着看，可以见到晶体闪光，人工合成的假斑没有晶体闪光，当然，也有人把真器上的结晶斑取下，再附到伪器上，但还是能看出来的，铜锈结晶斑的生成需要漫长的时间，很难仿得那么真。你说伪锈用火烧的方法，已经过时了，现在仿品伪锈用的胶，打火机根本烧不着，锈层的真伪，关键看它是否自然，如果不是，那一定是人工做上去的，细察还是能辨别出来的。"

他听得连连点头，我临走的时候，他一再谢谢我，说这次自己学到了不少知识。

藏品档案

此簋通高 22.5 厘米，底座边长 18.5 厘米，外卷口沿、圆唇，腹下部外鼓，圈足，下附方座。腹部两侧有兽首耳，耳下有垂珥。口沿下饰夔龙纹一周，中间有兽首。腹下部及方座四面均饰方格纹及乳丁雷纹。圈足饰夔龙纹。内底有铭文三行十六字"伯僧作容伯簋，其万年子子孙孙永宝用"。此簋与1982年山东省滕县出土的滕侯簋，无论是大小还是纹饰等，几乎是一模一样，只是所铸铭文不同。此器通体为绿色锈，局部有红色锈，大部分为银白色亮锈。

此簋整体造型端庄厚重，形制精美奇特，庄严神秘，气势典雅高贵，制作精湛无比，风格殊异。所铸铭文清晰，字体大小因体而施，起止不露锋芒，沉稳瑰丽。方座簋甚为少见，此簋应为西周早期青铜器，从精美程度、铸造难度、研究价值等方面来说，不但是青铜方座簋之典型器，更是中国青铜时代的代表性珍品之一。

鉴定常识

所谓方座簋，就是将簋体与方座连铸在一起，这样，一是提高了簋的高度，以适应当时席地而坐就食的需要，二是增加了簋体的稳固性，三是使簋更加华丽美观，更加实用。

因方座簋少而珍贵，故仿品较多，但均离真器太远，即使是高仿品，也是顾此失彼，细察还是能看出破绽的，要多看实物，牢记真品的特征，全面细心地察看，多做比较，才不至于"走眼"。

实例五

凤鸟纹簋（二件）

　　2008年12月10日上午，从河南省洛阳市来了一位女士，到北京中博雅文物鉴定中心，只说是鉴定带的两件青铜器，然后什么也不讲，坐在了我的对面。我也没在意，只顾专心看东西。"这东西是老的吗？"女士突然问了一句专业的话，因为别人往往问："是真的吗？"而她说了一个"老"字。我抬头看了她一眼，此人四十多岁，眼神中带着一种自信和不屑的神情。我心中想，又来了一位考我眼力的，这种事我见多了，其实也没什么，现在这世界上各种各样的"文物鉴定专家"多了去了，难免人家有想法。我笑着说："东西是新是老您心里应该很清楚，您今天拿来的这两件东西很开门，辨别不难，这是一对西周早期的青铜簋，出土于陕西、山西一带。希望您以后能拿来点高难度的，不好鉴别的，咱们也好共同研究一下。"

　　听我这么一讲，这位女士说："您误会了，实不相瞒，我不是搞收藏的，这是我爷爷留下来的，说是西周时的东西。我这次来北京办事，顺便带来让专家给看一下，能值多少钱。我来有几天了，找了几位名气很大的专家看过，有的说是现代仿品，有的说这东西地摊上多着呢，根本不值钱。我爷爷留下来的东西，怎么会是现在仿的？我对专家都没信心了。朋友介绍我找您给看看，您说是西周的，这就足够了，将来我也不可能拿什么高

凤鸟纹簋（二件）

年　代　西周早期
规　格　高 14.2 厘米，口直径 19.5 厘米，
参考价　人民币 80 万～ 100 万元

走近青铜

凤鸟纹簋

年　代	西周早期
规　格	高17厘米
参考价	人民币40万～50万元

难度的东西找您鉴定,我也没有。我想知道这两件东西能值多少钱?"我告诉她:"东西肯定没问题,至于价钱不好讲,因为青铜器不能上市流通,几乎都是在民间进行交易和交流,价格很不确定,我只能说一个参考价位,但绝对不是交易价,两件最少值六十万元吧。我劝您最好还是继续收藏,能不卖就先不卖,将来升值空间还是很大的,毕竟也是老人们留下的。"

我接着说:"真对不起,刚开始我还以为您是考我眼力来的,不知中间有这么多插曲,别人说东西如何,我不好说什么,我只看东西说话,具体为什么说是西周早期的,我也没必要讲了,希望您把这对东西收好了。"她很满意地走了。

藏品档案

此对簋高14.2厘米,口直径19.5厘米,侈口、无盖、鼓腹、高圈足,腹部两侧有双兽耳,下有钩形珥。颈部和圈足饰弯角长尾凤鸟纹,在鸟的后脑有一弯角,向下弯曲,角尖向上(这种纹饰盛行于商代晚期至西周早期),中间有突出的兽面纹,以云雷纹为衬地,造型威严凝重,纹饰细腻清晰,铸造工艺精美。此器通体为绿锈层,局部泛银白色,局部有返铜现象,范痕清晰,为陶范法所铸,整体锈层牢固,未见人工作旧痕迹,老旧特征明显,鉴定为西周早期青铜簋之典型器,弥足珍贵。

鉴定常识

西周早期与商代晚期的青铜器区别不大。簋作为重要的礼器,在某些方面出现了新的特点,庄严厚重是西周早期的主要风格。鼎、簋、尊等器都出现了腹部下垂的特点,尤其是此时出现了许多新的纹饰,如长尾高冠和长身分尾的凤鸟纹,常饰在器物的主要位置上,非常醒目,华丽异常。簋的造型在此时更趋于大方、实用。簋常以偶数出现,与鼎相配。

兽面纹簋

- **年　代**　西周早期
- **规　格**　高 20.8 厘米,口直径 27 厘米
- **参考价**　人民币 60 万～80 万元

实例六

为簋

2006年10月，我在山西省太原市搞古玩鉴定，一位老先生拿来一件青铜簋，说："此器我已经收藏多年，我认为是西周或春秋时期的，但有人说是新仿品。我也曾拿到北京去找专家看过，也说是现代仿的，但都说不出理由，只说凭感觉就不对，您今天来我们这儿搞鉴定，拿来请您给仔细看看。"

我仔细看完以后，对老先生讲："东西肯定是西周时期的，理由我先不讲，您刚才也说是西周时期的，我想听听您的看法，为什么说是西周的？"他说："我没有什么高深的理论，只有一点，古代青铜器是青铜制造的，铜质硬度高，用钢锉在器身上锉一下，钢锉打滑。而仿品多是黄铜制品，铜质软，用钢锉一锉就能掉下末来……"

对他的说法，我比较认同，毕竟是民间的鉴定方法，很直接，但不全面。我说："您说得很对，我再给您补充点，此器铜锈是天然形成的，不是人工作上去的，看铜质虽然也对，但不全面，如果仿品也用青铜合金做成，用钢锉锉，也打滑，怎么办？所以要整体看，尤其是看锈层，天然的和人工做旧的截然不同。现在市场上青铜器仿品很多，但其关键的部位——锈层，无论是用什么方法做的，均与真器有区别。这件东西很好，您好好

为簋

年　代	西周晚期
规　格	高 22.6 厘米
参考价	人民币 250 万～300 万元

西周青铜器

地保存吧。"

老先生很高兴地说："只要东西对了就行了，今天我从您这儿又学了一招。以后我也好好地研究一下铜锈。"我说："现在仿品有的地方能仿得像，但有的是永远也仿不成功的，这就需要我们全面地掌握真品的特征。我相信您以后肯定会成为这方面的专家。以后咱们多联系，互相交流，我也得多向您学习。"

鉴定完之后，老人很高兴地抱着他的宝贝走了。

藏品档案

此簋高22.6厘米，盖顶部为圆形捉手，圆腹，双兽耳，高圈足，盖与腹部和圈足饰四组变形龙纹，颈部饰十二个镂空莲瓣纹。在盖上有六个，腹部有四个镂空扉棱。盖内与内底均铸有三行十一字铭文"为作宝簋，子子孙孙永宝用"，为对铭。整体锈层复杂，色泽为绿、蓝、黑、暗红色，牢固自然。此

兽面纹高座簋

年　代	西周中期
规　格	高42.8厘米，口直径35厘米
参考价	人民币60万～80万元

簋造型浓厚凝重，纹饰精细，制作精良，时代特征明显，极为少见，鉴定为西周晚期青铜簋，是一件难得的古代青铜艺术珍品。

乳钉纹簋

年　代	西周中期
规　格	高 15 厘米，口直径 22 厘米
参考价	人民币 80 万～ 100 万元

西周青铜器

实例七

兽目交连纹盨

2007年，经朋友的介绍，我认识了广州市的陈先生。在他的邀请下，我南下广州，特意去看了看他的藏品。

陈先生是一位青铜器爱好者，在他的藏馆中，我见到了许多非常珍贵的青铜器。其中给我留下很深印象的是一件青铜盨，盨在古代青铜器中数量比较少，能够流传下来的就更少了，所以尤为难得。经鉴定，这件青铜盨为西周晚期的。

我对陈先生说："青铜器在古董收藏中是重器，能收到一件品相这么好，而且又非常罕见的盨，这可以说是很多藏家梦寐以求的。您现在能拥有一件，真是不容易，好好保存吧，而且可以以此器为标准器，继续收藏。"

我接着说："当然咱们还需要多研究一下有关青铜器的知识，这会让收藏更有意义。随着经济的发展和人们认识的提高，收藏青铜器的人会越来越多，相信收藏这个领域会越来越有潜力的。"

藏品档案

此盨高26厘米，通长43厘米，长方体，圆角，隆盖，盖上置四短扉棱，均为透雕云纹，颈部两侧设龙首耳。平底，高圈足，盖

兽目交连纹盨

年　代　西周晚期
规　格　高26厘米，通长43厘米
参考价　人民币80万～100万元

沿与下口沿和圈足上饰兽目交连纹（窃曲纹），盖上和腹下部饰横条沟脊纹（瓦沟纹），形制端庄饱满，工艺考究，锈层自然，鉴定为西周晚期青铜盨，甚为少见，是一件难得的青铜艺术珍品。

鉴定常识

盨为古代食器，用以盛放黍、稻、稷、梁等，原来盨与簋经常混淆，到了清末才把盨与簋分开。盨出现在西周中期，流行于西周晚期，春秋初期已基本消失。其基本形制是椭方形体，敛口，鼓腹，双耳，圈足，盖可以仰置盛物。盨一般为偶数组合，因其流行时间短，在造型上变化不大。

实例八

伯僭尊

2005年10月，李先生带来一件青铜尊，说："今天拿来这件东西，您给看看。我看东西应该是对的，但还是请您给最后定一下。"

仔细看过后，我告诉他："东西是西周早期的，没有问题。""这锈层上面有结晶斑，现在有仿造的吗？"李先生接着问。我说："你问的问题很普遍，但很直接。红锈层内有结晶斑，说明此器必真无疑，结晶斑以前仿制极不成功，现在仿得也不到位。因为结晶斑是年久矿化由里向外'长'出来的。仿的是用真锈或盐粒由外向里，以各种方法粘贴上去的，光泽也不一样。目前我还没有看到仿制成功的结晶斑。""另外，现在仿品太多，最好是先多看，多实践，这样才会具备鉴别真伪的眼力，要下很多工夫去培养、锻炼。我说的只是一个大概，关键还是你要亲自去实践。"我又补充了几句。听完我的话，李先生很高兴，说："我就按您说的去做，不懂时我再来问您。"

藏品档案

此器高35.7厘米，口直径26厘米。容酒器，敞口，长宽颈，鼓腹，

伯偺尊

年　代	西周早期
规　格	高 35.7 厘米，口直径 26 厘米
参考价	人民币 250 万～300 万元

高方圈足，颈部饰蕉叶纹，腹部饰曲折角形大兽面纹，腹部上下饰连珠纹，均以精细云雷纹为地。纹饰精丽，线条柔和浑厚，形制庄严，技艺精湛，整体为亮丽的绿色锈层，局部有返铜现象，锈层自然、牢固，在红锈层内结晶斑闪亮明显。其造型甚为少见。内底铸有六字"伯偺作宝尊彝"铭文，字体美观流畅。鉴定为西周早期青铜尊，在造型艺术和铸造工艺上，堪称古代青铜器之精华。

鉴定常识

青铜尊，为高体的大型或中型容酒器。金文中称礼器为尊彝，是祭祀礼器的共名，指一组祭器，而不是某一器物的专名。铭文中常铸有"某某作宝尊彝"的字样。现在所称的尊，约定俗成仍沿用宋人的定名，沿用至今。基本形状为侈口、鼓腹、圈足，形似觚，但腹中部比觚肥硕，口也比觚大，类似今天的痰盂形状。从造型来看，尊可分为圆体尊、方体尊、天圆地方尊、鸟兽尊等。始于商代早期，流行于西周至春秋时期，战国以后消失，尊的断代明显特征为：

1. 肩折，口越侈者，年代越早。
2. 圈足越高，颈部越长，年代越早。
3. 腹部下垂者，年代晚。

凤鸟纹尊

年　代　西周中期
规　格　高29厘米，口直径25.5厘米
参考价　人民币150万～200万元

实例 九

夔纹卣

2009年10月31日,我到内蒙古自治区呼和浩特市去找一朋友商议拍卖的事,事情完毕后,下午去一位赵先生家中看些古玩。赵先生家中收藏了不少瓷器、玉器,其中不乏珍品。我正在欣赏他的藏品时,他拿出一件青铜器说:"这是今天上午有人给我送来的,因我很少收藏铜器,真伪还弄不清楚,正好您今天来,帮我看看。"

这件青铜器应为西周早期青铜卣之典型器。我把结果告诉了赵先生,他说:"这件东西我还没付人家钱呢,既然是西周的铜器,我考虑考虑再付款。"我说:"如果价位合适,应该收下来,毕竟现在很难碰到一件西周铜器真品。"

回京后,我听说他花了很少的钱收下了这件青铜卣,很为他高兴,要知道,现在青铜器仿品很多,在自己的收藏品中,能有一件真品,真是一件不容易的事情。

西周青铜器

藏品档案

此器高31厘米,椭圆形垂腹体、长颈、圈足、隆盖直缘,盖顶

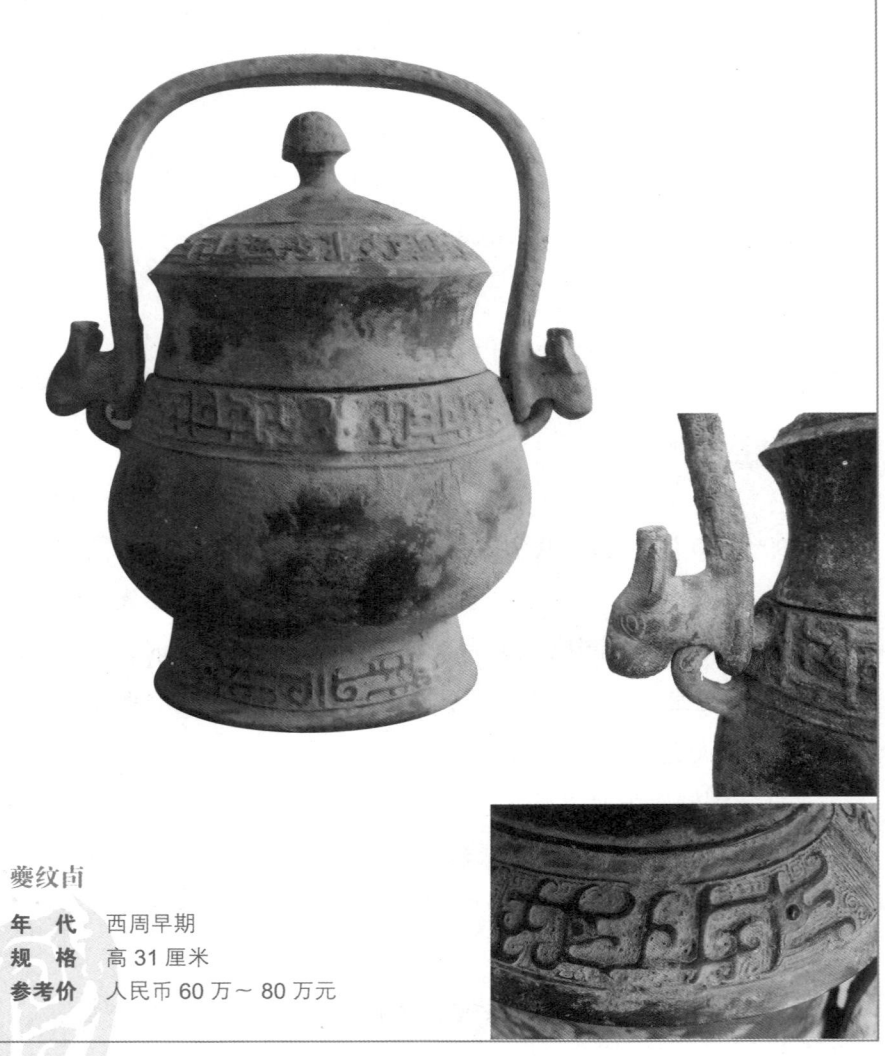

夔纹卣

年　代	西周早期
规　格	高 31 厘米
参考价	人民币 60 万～80 万元

上有一花苞状把手，腹部两侧设兽首扁提梁，盖及口沿下饰首尾相接的夔纹，提梁上与圈足饰兽目交连纹，整体纹饰均以细云雷纹填地，外底为斜格纹，通体为翠绿色锈层，在绿锈层下可见暗红色的贴骨锈，局部有亮黑漆色锈层，全器锈层自然、坚硬。其保存完好，应为西周早期青铜卣之典型器，有很高的历史研究价值与收藏价值。

实 例 十

寅父丁爵

西周青铜器

2009年11月20日下午，河南省开封市的陈先生，拿来一件青铜爵，说："几年前收到了这件东西，有人说是商代的，还有人说是周代的，说法不一，今天拿来您给看看。"

看后，我告诉陈先生："此器是西周早期的，为什么说呢？主要的是流的前端厚于后端，銴小而粗，足为刀形，外侈较大。这些细微的特征，在商代爵中是没有的，因为它的时代特征很明显，所以判断为西周早期的。另外，你没有发现在腹壁上可能有铭文，因为锈层太厚，不易觉察，你看我能否清理一下锈层，咱们再看看？"陈先生忙说："行，没问题，您怎么清理都行。"我小心仔细地去掉锈层，露出三个铭文"寅父丁"。周先生看后，兴奋地说："还真有铭文，我以前怎么就没发现呢？"

他仔细地看了又看，说："真是铭文，但我不认识是什么字，您要是不说，我永远也发现不了。"我告诉他："商代晚期和西周早期的青铜爵比较难于区别，只是在细微处有不同，这需要长期地接触、观察，用心多记时代特征，商周时期带铭文的青铜器，现在已经很少见到了，今天看见这件爵，我心里也非常高兴，这也是鉴赏古玩的乐趣吧。"

对于这件爵上的铭文，我们又聊了起来，因时间不早了，我约他改日再谈，他很高兴地走了。

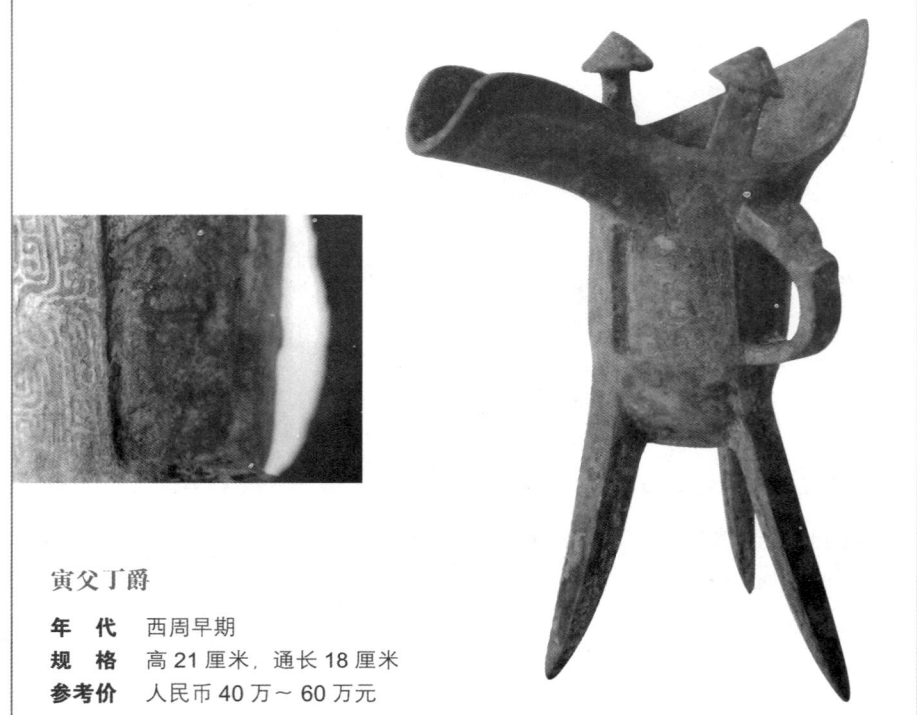

寅父丁爵

年　代	西周早期
规　格	高21厘米，通长18厘米
参考价	人民币40万～60万元

藏品档案

　　此爵高21厘米，流至尾长18厘米，圆体，圜底，短宽状流，流壁较高，双菌形柱立于流折处，柱顶饰涡纹。兽首扁环鋬，三棱高锥足，外侈幅度较大。流下与尾下饰夔纹，腹上部饰小三角纹，腹中部饰由云雷纹组成的兽面纹，间隔三条扉棱，在鋬内腹壁处有三个铭文"寅父丁"。其通体为厚绿锈层，在绿锈下为暗红色锈层，内见闪亮的结晶斑，局部泛银白色，为俗话说的"返铅"、"泛锡"现象。此爵应为西周早期器，很是罕见，弥足珍贵。

实例十一

兽面纹盉

2009年2月21日,在北京中博雅文物鉴定中心,一位老者拿来了五件青铜器,要鉴定一下真伪。

我详细地看了看,最后告诉他:"这五件东西里面,有四件是仿制品,而且仿制的时间不长,有的还是'开门假',但其中有一件是真品,是西周早期的青铜盉,不知这一件您是如何收到的?"他笑了笑,说:"我收藏青铜器的时间不长,也就两三年时间,完全是自己爱好。这期间我买了不少仿品,这件是我家乡一个开古玩店的朋友帮我看的,当时他告诉我,这是一件真品,应该收下来,如果不想要了,可以再转给他。今天听您这么一说,这件青铜盉还真是不错的东西了。"

我说:"您那位开古玩店的朋友没有骗您,的确是件真品,而且比较开门,以后您再收藏古玩,最好要多看实物,不管真伪尽量上手,多感悟,先不要急着花钱买,因为在您不了解真伪的情况下买东西,极易买到假货。您也可以向那位开店的朋友学习和了解一些辨伪的技巧,不要光迷信专家,要知道,有些开古玩店的人比所谓的专家鉴别眼力还要高,人家那是用钱买来的经验。"

老先生表示以后还真得注意,多增强自己的眼力,避免花冤枉钱。然后,他很高兴地抱着那件青铜盉走了。

西周青铜器

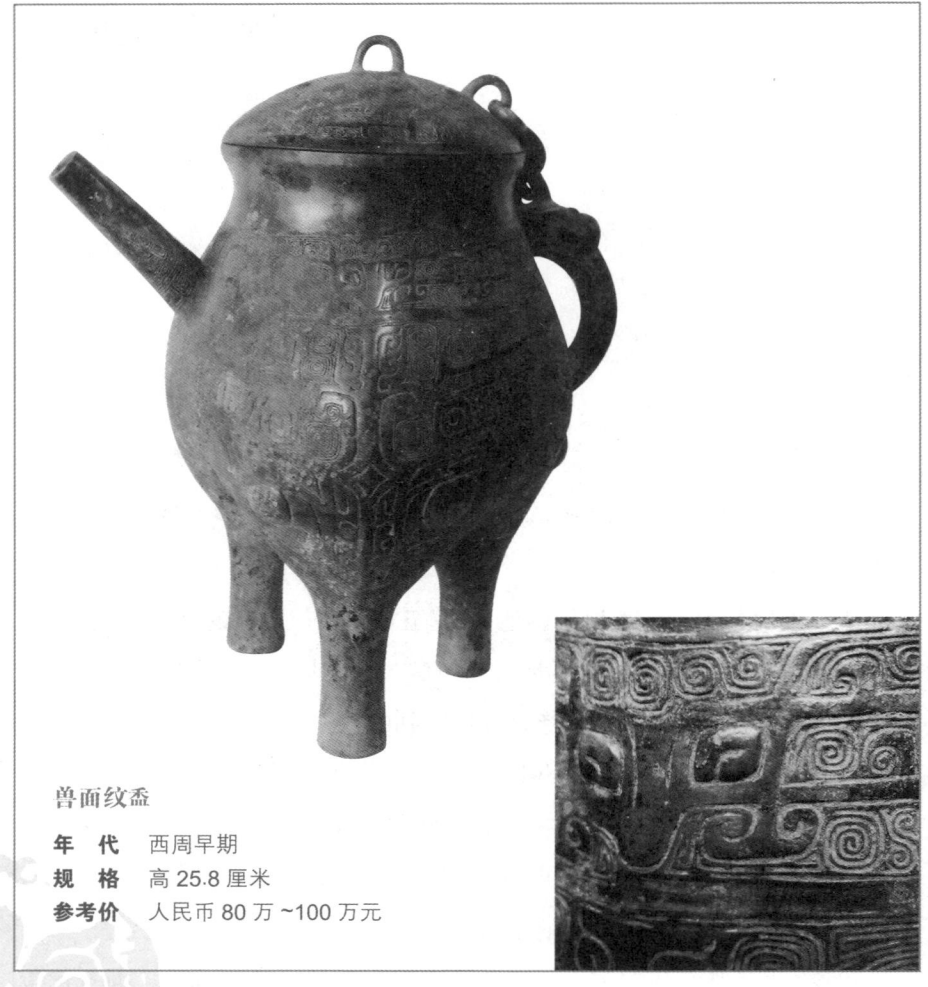

兽面纹盉

年 代	西周早期
规 格	高 25.8 厘米
参考价	人民币 80 万~100 万元

🐚 藏品档案

此盉高 25.8 厘米，高体、束颈、隆盖，盖中心为一半圆形纽，直流，下为分裆袋形腹，下连有三柱足，有盉与盖相套铸，形体较高而褊狭。盖与腹部铸兽面纹，颈部饰虎纹，外底有浓重的烟炱痕，整体为绿锈层，局部可见银白色锈层，保存完好。在商周铜器中，虎纹就已少见，而且头部多是侧面形，而此器的虎纹头部为正面，刻画得细致入神，极为罕见，鉴定为西周早期青铜盉，有很高的艺术价值与收藏价值。

鉴定常识

盉是古代用来调和酒、水及温酒的器皿。其实盉本身主要是盛水的，未必是把水和酒放在盉中调和再饮用。它与酒器组合，以水调和酒，与盘相结合，则起到盥沐作用。

盉源于新石器时代的陶鬶（音同规），始于商代早期，盛行于商代晚期至西周时期，沿用于战国至汉代。鬶使用的时间和鼎、鬲差不多，我们现在所用的茶壶，就是由盉演化而来的，其基本造型为深腹、敛口，前有管状流，后有鋬手，上有盖，下承三足或四足。

如果从盉的造型来进行断代，有以下三点特征：

1. 流越下侈且变弯曲，时代越晚。

2. 袋状足出现的时间早，柱足多为西周时期，蹄足盛行于春秋战国时期。

3. 无盖为商代，有盖的是西周所用，有提梁而无鋬的则是春秋至汉代所用。

实例十二

伯百父盉

2007年12月15日，有人拿着一件青铜器来到北京中博雅文物鉴定中心，要求鉴定真伪。

此器一拿出来，我就感到似曾见过，看过后，才想起来在陕西历史博物馆见过同类器，盖内的铭文也相同，只是此器略大，难道有这么巧合的事吗？会不会是仿品？我不由自主地仔细察看起来。此器的锈层一致，陶范法铸痕明显，纹饰清晰，完全符合范铸青铜工艺，无人工作伪痕迹，所以我认定此器为真品。

陕西历史博物馆所藏的那件，是1961年在陕西长安张家坡窖藏出土的，而从此器的锈层来看，明显不是窖藏所能形成的，而应该属于土坑器。除此之外，两件器物外形和铭文如此相似，让我不禁猜想：它们当年是同属于一个器主人的吗？

当然答案是不得而知的，历史上往往有许多解释不清的谜团，此器就是一例。

伯百父盉

年　　代　西周晚期
规　　格　高29厘米
参考价　无

藏品档案

此盉高 29 厘米，厚壁，束颈，蟠龙形盖顶，圆腹，圜底，下有三矮而粗肥的乳状足，足际间有三角形范线。流设在肩腹之间，流上饰卷曲兽体纹。龙首形鋬上有链与盖连接，盖内铸有铭文七字"伯百父作孟姬盉"，说明是伯百父为其女孟姬所做的名为"盉"之器，腹上部饰兽目交连纹一周，兽目交连纹，也称"窃曲纹"，是两兽的某一部分相互连接，两端作回钩的"S"形线条，构成扁长的图案，中间填以目纹，多以云雷纹为地，盛行于西周中晚期到春秋时期，沿用到战国时期。

此器通体为红、绿色锈层，自然、牢固。陕西历史博物馆有一件同类藏品，高 21.7 厘米，盖内也铸有同此器相同的铭文，但其盖与鋬相连的链条已失，除此之外，造型与此器几乎是一模一样。但此器保存完整，尺寸也较大，不愧是西周晚期青铜器中颇具匠心的杰出作品，弥足珍贵。

伯百父盉

年　代　西周晚期
规　格　高 21.7 厘米
参考价　无
注：陕西历史博物馆藏品

春秋青铜器

春秋初期社会动荡不安，王室一步步失去了对诸侯的控制力，因而王室和王臣的青铜器减少，各诸侯占有的青铜器反而很多。这一时期的青铜器形制继承了西周晚期的特点，铭文多为短篇，内容多数涉及诸侯、卿大夫等处理政务的记录。

春秋中期是早期到晚期的一个过渡时期。此时，鼎器盛行，除了采用兽蹄足、垂腹的鼎外，还出现了圜底平盖的鼎。盨已经消失，豆和簠还在使用，只是形态有些变化，簠在口上另竖一道宽阔的边。此期壶类出现一种器口较宽的短颈壶，食器中一个大的变化是敦的多次出现，这时的敦有三只小足和圈耳，盖可以卸下放置，还没有出现上下对称的式样。青铜乐器在国君级的墓葬中有所发现，有成对出现的甬钟，也有平底的钮钟和铃钟。

此期青铜器的纹饰也存在着新旧交替的情形。S形和U形变形动物纹、波曲纹等继续使用，但逐渐改变了粗犷的风格，显得更加规矩和精丽。纹饰的进一步发展表现在出现了重叠的或相交的龙纹图案，并且由早期抽象的甚至首尾不变的动物纹，重新恢复为龙或兽的具体形象。头、角、颈、目等各部位越来越清楚。但是，变形的动物纹却没有完全消失，而且出现了更加复杂和繁密的四方连续动物纹。归纳起来，此期的纹饰在结构上虽然有了许多新的样式，但做工还不够精细，仍然存在粗犷的意味。

我们来看看春秋晚期的青铜器发展状况吧，由于此时生产力的发展，已经进入了铁器时代,各诸侯国都对社会进行改革,从而促进了社会生产的发展。青铜铸造业和铁器铸造业并驾齐驱,使整个社会出现了繁荣的景象,给社会的发展注入了生机勃勃的生命力。青铜铸造在生产技术、艺术水平和器物种类上,呈现出崭新的面貌,在青铜发展史上达到了一个高峰时代。

此期青铜器的形制比较复杂,各个地区的器物不尽相同。在食器中,簋的传统式样已经很少见,但是在诸侯的礼器中还有少数方座簋,簋的数量减少了很多。此期最为流行的是敦,这种形似圆底浅腹鼎,两侧有圈耳,下承三小足和高盖上有三纽的器物,有的专家称其为簋,中原三晋地区普遍使用。在南方地区则已发展成为西瓜敦,器形上似圆瓜,中分为两块,下器承三足,上盖有三环形兽纽,也有的上下相同,都有三足。此时吴越地区的青铜剑铸造精良,越王勾践和吴王夫差剑堪称吴越名剑的代表作。

酒器壶的特点是高颈且呈方形,腹是方形或者椭圆形,兽耳衔环,有的圈下面附有怪兽或龙。另一类是低体鼓腹圈足壶,体形较高,腹部圆鼓,也多数配有兽耳和莲瓣盖,肩部稍瘦。

这一时期的青铜乐器仍为甬钟、纽钟、铃钟和平口纽钟,甬钟和纽钟的曲度较大,两铣呈锐角,能发出双音。平口纽钟两侧椭圆,是单音钟。

春秋晚期的纹饰种类繁多,风格各异,往往

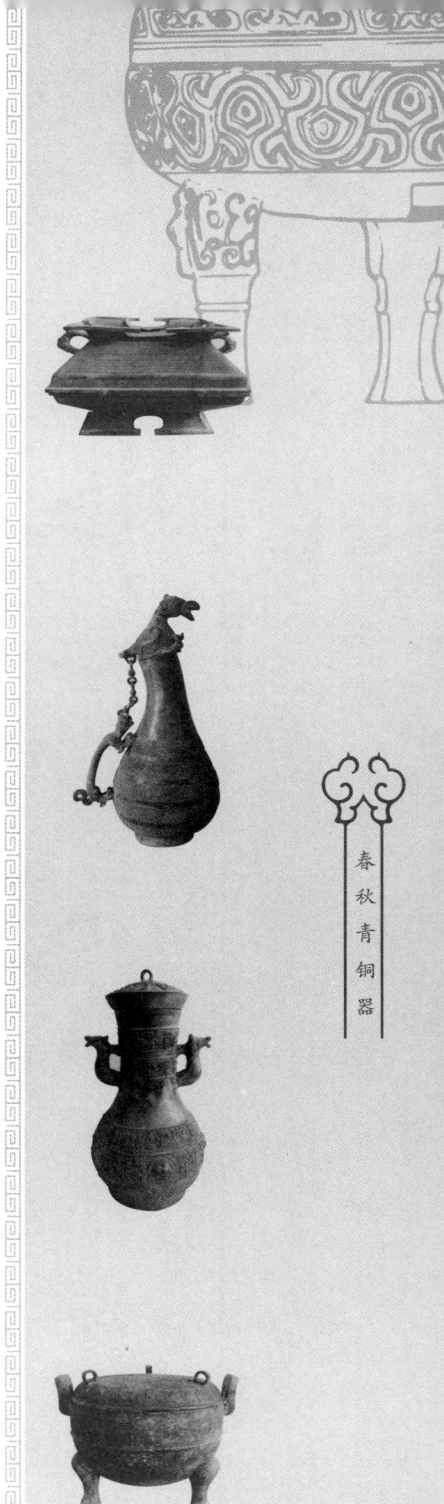

春秋青铜器

追求的是精丽和细密的玲珑美，交缠的各种龙纹占有支配的地位，这种纹饰是在春秋中期同类构图思想上发展起来的。由于许多缩小得只能用极细的双钩来显示其结构，具体部位的表现只能省略变形，因而此时的卷龙或交龙之类，许多纹饰都是龙之形象的缩微。如果以单独的龙纹为母题，则图像呈带状交缠，同时，龙的构图也很复杂，躯体上往往饰有细而均匀的雷纹。此期还出现了另一种新的纹饰，它是用红铜镶的，包括龙、兽、凤、鸟等，还有许多狩猎的题材，不过由于这种题材处于起步阶段，显得比较粗陋，但它已经摆脱了以往纹饰图案的规律，而开创了构思新颖、表现自然、生动活泼的风格。

处在这一时期的青铜铭文，内容以记载自作用器的占据多数，铭词或长或短，都要根据情况而定，不过都有一定的格式，以彰显器物主人的家世地位和身份品德为主。铭词涉及历史事件的并不多，只有部分诸侯或主要的卿大夫之名可以与史籍相印证，这是青铜器的社会功能与时代相联系的结果。

实 例 一

鼎\簋\簠\匜\盘组合（十九件）

春秋青铜器

2009年年底，几个人拿来两个大箱子，见到我说："我们收藏了这些铜器，其中尽是一样的，研究了好长时间也搞不懂，怕是假的，现在拿来您给看看。"打开箱子一看，大小共计十九件，摆开细看，应是一套组合器，从各方面来看，是春秋早期器无疑。

看后，我把看法告诉了他们。他们马上提出来一个问题："既然是真品，这里有九个鼎，书上说只有天子才用九个鼎，难道说这些是天子用的？"我说："你说对了，但那是商代和西周时期，天子用九鼎八簋。到了春秋时期，礼崩乐坏，发生了僭越现象，有的诸侯和卿大夫，在墓葬中也用九鼎，但形制都不是很大，比如这一组，光强调九鼎了，簋只有四件，看来应是卿大夫所用。按礼制卿大夫要用五鼎四簋，这里用了九鼎四簋，实际上是一种僭越现象。"

听完我的介绍，他们点点头说："您不讲我们还真不知道。"我接着说："这组青铜器很是难得，好好收藏吧。"他们很高兴地走了。

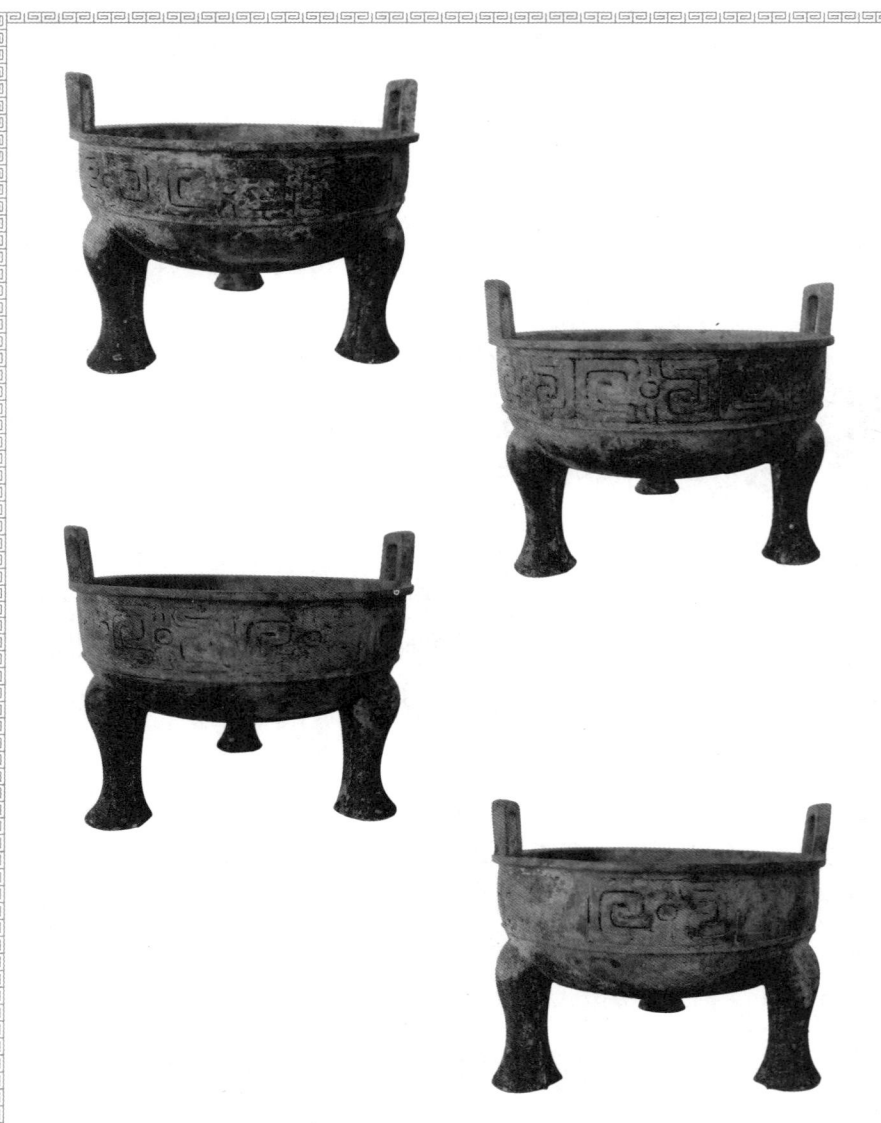

窃曲纹鼎（九件）

年　代　春秋早期
规　格　高 15.5~23.2 厘米，口直径 17.5~28.5 厘米
参考价　人民币 250 万 ~ 300 万元

窃曲纹簋（四件）

年　代　春秋早期
规　格　高13厘米，宽20.3厘米，长25.7厘米
参考价　人民币80万~100万元

重环纹簋（四件）

年　代　春秋早期
规　格　高 17.5 厘米
参考价　人民币 100 万~120 万元

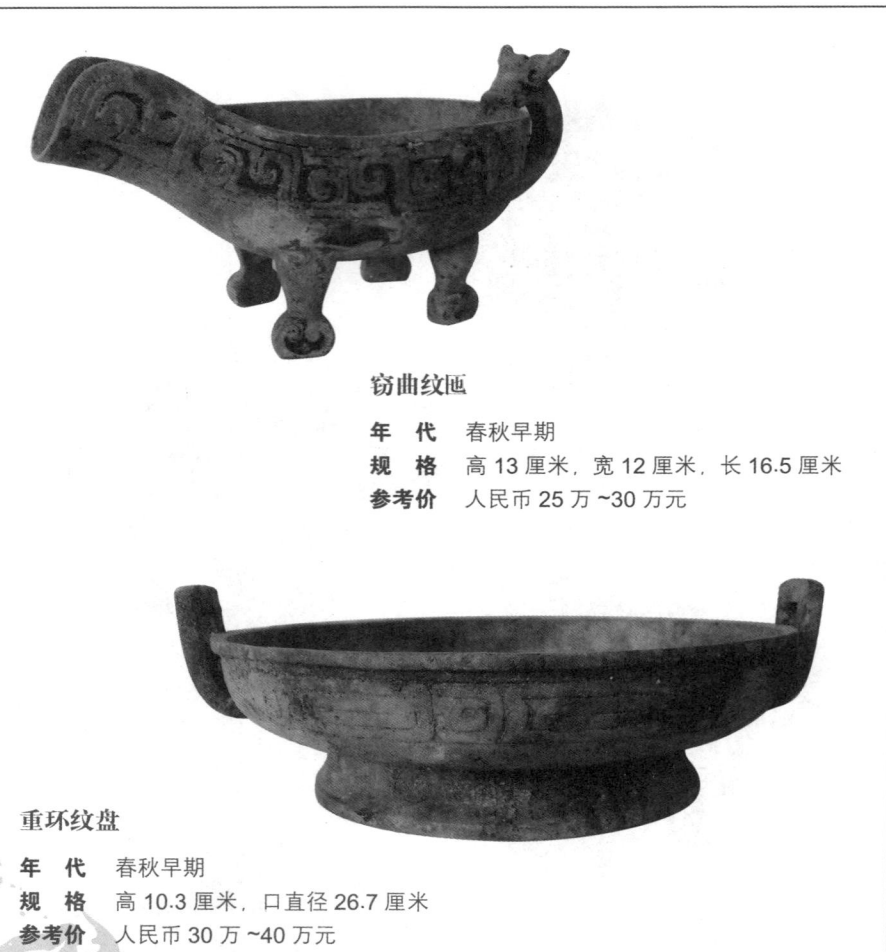

窃曲纹匜

年　代	春秋早期
规　格	高 13 厘米，宽 12 厘米，长 16.5 厘米
参考价	人民币 25 万~30 万元

重环纹盘

年　代	春秋早期
规　格	高 10.3 厘米，口直径 26.7 厘米
参考价	人民币 30 万~40 万元

藏品档案

此套组合，鼎九件，簋四件，簠四件，盘、匜各一件，共计十九件。其中九件鼎，分别高 15.5~23.2 厘米，口直径 17.5~28.5 厘米，均为浅圆腹，口沿上双立耳，三蹄状足，口沿下饰窃曲纹，刻画粗犷，腹底部与足范线明显。四件簋每件高17.5厘米，圆形，腹外侧置双兽耳，盖顶部为一圆形捉手，盖与腹上部饰重环纹，腹下部饰横瓦纹，高圈足。四件簠每件高13厘米，长25.7厘米，宽20.3厘米，长方形体，斜壁，兽首形环耳，浅腹，圈足的各底边为长方形缺口，盖与器形制相同，均饰窃曲纹。盘高10.3厘米，口直径26.7厘米，浅腹，附耳，圈足，口下沿饰重环纹。匜高13厘米，长16.5厘米，宽12厘米，为长槽流，浅腹，四扁兽足，后部有龙形鋬，口沿下饰窃曲纹。

整组器底部与纹饰槽内均有厚重、黑色的烟炱，锈层复杂，呈绿、红、蓝、黑等色，自然、牢固，从组合器物的造型、纹饰、工艺来看，应为春秋早期卿大夫所用之器。按当时礼制，不能用九鼎，之所以用九鼎，也是当时的僭越现象。成组的青铜器发现很少，此套组合器有很高的历史研究价值与收藏价值。

鉴定常识

中国青铜器无论是在数量上，还是在精美程度上，都是举世瞩目的。它以青铜礼器为基础，发展成为一整套以等级为核心的礼制制度，同时也是高级贵族享受的艺术品。

早期青铜器的组合，多以食器和酒器并举的组合形式，至西周晚期则出现了食器、酒器、水器和乐器等同时存在的组合形式，表明了等级制度极其明显，贵族等级越高，享受食品越丰富。

礼器以"重食组合"的西周时期，在祭祀和宴食时以偶数组合和以奇数组合的青铜器配合使用，共同成为等级、身份的代言物。据记载，西周时期，天子用九鼎八簋、诸侯用七鼎六簋、卿大夫用五鼎四簋、元士用三鼎二簋。所以，九鼎也成为王权的代称。

实 例 二

蟠螭纹鼎

2009年5月15日，北京的刘先生来找我，说是从陕西省收到了一件青铜器，价格不菲，虽然他认为此器是真品，但因品相太好了，还是拿来让我给看一看。

这件青铜器从锦盒中一拿出来，不用上手，从锈层上就能看出个八九不离十了，这件青铜器是老的。随后我又细察全器，未见人工作旧痕迹，再从铸造工艺、造型、纹饰来看，判断此器为春秋晚期青铜鼎，甚为少见。

由于那天还有别人请我鉴定，时间有限，我向他简单介绍了鉴定的理由，告诉他："这件鼎不错，你可以拿它作为标准器来研究，平时有机会多看看实物，千万不要因为有了一件真品，以后就放松警惕了。现在仿品太多，新老都要看，如能从中悟出一些道理，肯定会大有收获的，实践比什么书本知识都要有用得多。"

他很高兴地接受了我的建议，表示以后会多研究收藏方面的知识，然后带着他的宝贝走了。

蟠螭纹鼎

年　代　春秋晚期
规　格　高 33 厘米
参考价　人民币 120 万～150 万元

藏品档案

此器高33厘米,厚壁、深腹、隆盖、附耳、鼓腹、圜底、三蹄足,形制较大。盖中心为浅浮雕蟠螭纹,往外饰三层蟠螭纹,盖周有三圆雕卧虎,虎首侧顾向外。腹部饰蟠螭纹两周,中间以凸起的绳纹相隔,两附耳满饰凤鸟纹,蹄足上部饰浮雕大兽首纹。整体纹饰细腻,工整精美,通体泛铜,色泽明亮,局部锈莹绿,牢固地附在器表,底部见有光滑的银白色泽,为俗称的"水银沁"。全器锈层丰富,色泽华丽,无人工作伪痕迹,鉴定为春秋晚期青铜鼎,甚为少见,为同类器中之精品,弥足珍贵。

鉴定常识

在此鼎的腹部,自上而下可见明显的三条范缝(均在纹饰区内)与足的范缝并不贯通。

在西周以前的铸造三足器上,都可见到腹部与足上有直通口缘的范缝,说明那是整体铸

蟠螭纹鼎

年　代　春秋晚期
规　格　高32.5厘米,口直径34.5厘米
参考价　人民币60万~80万元

造的。春秋中期开始，则大多采用了分铸组装工艺，足与腹部分别铸造，而且腹部是采用了三分法，所以在腹部一周有等距离的三条范缝。耳部是采用了铸接技术，在耳根部可见接缝。足部则是采用了焊接技术，在足的内侧，贴近腹部位置，可见焊缝。素面上不见范痕，纹饰边缘能见到打磨痕迹，说明范痕在铸后经过精心整理已打磨掉了。

其实，我们在鉴定青铜器真伪的同时，研究一下古代的青铜范铸原理，是非常有趣的事情，也为我们鉴定真伪提供了更广大的空间。

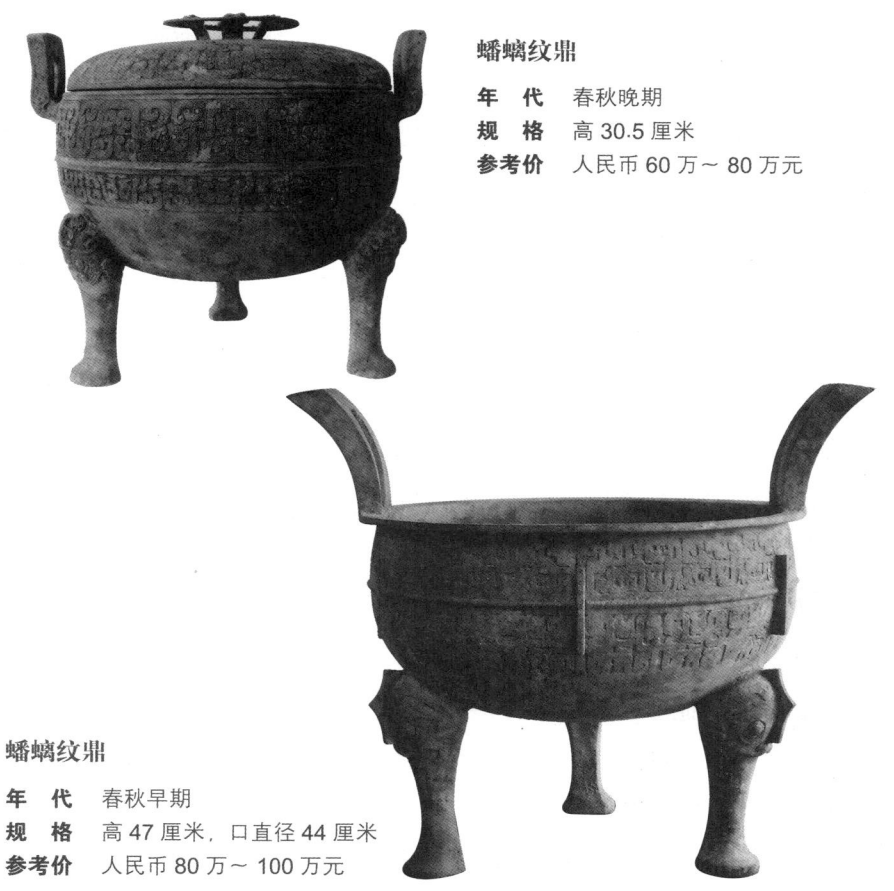

蟠螭纹鼎

年　代　春秋晚期
规　格　高 30.5 厘米
参考价　人民币 60 万～ 80 万元

蟠螭纹鼎

年　代　春秋早期
规　格　高 47 厘米，口直径 44 厘米
参考价　人民币 80 万～ 100 万元

蟠虺纹簠(二件)

2005年10月5日,国庆节刚过完,老朋友赵先生拿来一对青铜簠,对我讲:"我最近收了这对簠,东西是开门的,绝对是春秋时候的,但有一点我弄不明白,为什么垫片在纹饰里出现呢?书上说,垫片不应该在纹饰里,都是在素面上,比如在鼎、簋的腹下部,你看,在这簠的纹饰里,明显能看到垫片。"

我仔细看了看,真如老赵所讲的,在蟠虺纹的纹饰里,的确见到了垫片,而且还不只一个。综观此簠,虽说是水坑器,但无论是锈层、工艺,还是铸造方法,都应是春秋时期的。至于纹饰里面出现的垫片,我告诉他:"你书看得多了,实物未必看得多,对于商周铜器,的确在纹饰里面见不到垫片,但春秋战国时则不然,因为当时多是满器只有一层花纹,壁又很薄,尤其是在南方水坑器中,偶尔能见到在纹饰内有垫片,并不奇怪,虽然不是普遍存在,但确有此现象,书上说的不一定全面,还是以实物为准。"

他还是不解地说:"那书上为什么说纹饰里不应该有垫片呢?""看看,又是书上说的,那书是人写的,我也写过书,劝你多从实物上找答案吧。"我讲了又讲,他似乎明白了一些,说:"不管怎么说,这对簠是真器,对于你说的知识,我回去再琢磨琢磨,看来我实物看得还是少,好了,以后有不懂的我再来问你。"

随后,他满意地拎着两个锦匣走了。

蟠虺纹簠（二件）

年　代　春秋早期
规　格　高 26 厘米，长 32 厘米，宽 22.5 厘米
参考价　人民币 120 万～150 万元

藏品档案

　　此对器高 26 厘米，长 32 厘米，宽 22.5 厘米，长方体，斜腹壁，平底，折沿较窄，盖器上下对合而成，合口处有牛首卡，曲尺形足，外撇，中部有长方形缺。腹两侧有一对兽首鋬，盖和器纹饰相同，均饰浅蟠虺纹，清晰精细，可见范线与垫片，尤其是在蟠虺纹饰中，也可见到形状不规则的垫片，为陶范法所铸。成对保存完好，尤为难得，鉴定为春秋早期青铜簠，具有浓厚的地方特点，为南方楚国文化的产物，既是极为难得的实用品，又是精美的青铜艺术珍品。

龙纹簠

年　代　春秋早期
规　格　高 22 厘米，长 38 厘米，宽 22 厘米
参考价　人民币 60 万～80 万元

鉴定常识

簠为古代祭祀与宴享时用于盛放黍、稻、粱等饭食的器具,盛行于西周晚期至春秋时期,战国晚期以后消失。其造型为大口,长方体有盖,斜壁,盖器形状相同,大小一样,上下对称,合起来为一体,分开则是两件器皿,平底,底有四短足。簠在古代称为"胡"或"瑚"。西周晚期至春秋时期,簠体为长方形,大口外侈,口沿为窄唇,壁斜腹浅,有双耳,带盖,圈足为小方角形,口沿上无直壁。如有铭文,盖、器内为对铭。春秋晚期至战国时期,簠体仍为长方形,口不外侈,在器口处皆有一段直壁,直壁越长,年代越晚,而且腹也深,底下方角圈足变高。簠一般为偶数组合,成对的簠发现不多,甚为珍贵。

春秋青铜器

蟠螭纹簠

年　代　春秋晚期
规　格　高26厘米,长32厘米
参考价　人民币50万～60万元

实例四

人壶

2009年3月29日，河南省洛阳市的一位先生，拿来一件青铜壶，到北京中博雅文物鉴定中心，让我给看看真伪。

此器形制较大，外形似瓠，是我在民间见到的最大的一件瓠形壶。整器器表如新，非常完美，只在圈足的底部，可见到天然生成的结晶锈。这一点，不仔细看是觉察不出来的，一般人可能认为此器是仿品。看完后，我非常肯定地告诉他："您这件东西不错，是春秋早期的，但不知道是花多少钱买的，找人看过吗？"来人告诉我："这件青铜器不是花钱买的，我只是收藏古代瓷器，对青铜器不懂，因为我看它造型新奇，有人说是真品，就用两件乾隆官窑瓷器和人家换来的。后来又有人说是仿品，也没说出什么理由，我今天拿来就是想听听您的意见。"

我告诉他："当今古玩界，这种情形太多了，一件古玩，尤其是稀少的珍品，有人说真，也有人说是仿品，很正常。但它是真的真在哪里，是假的又假在哪里，应该有一个理由，说真说假谁都会说。比如这件壶，乍看似仿品，但底部锈层里的结晶斑，那是两千多年形成的，不是人为能仿制出来的，也不是现代人用真锈粘贴上去的，就凭这一点，即可断定此器为真品。"

人壶

年　代	春秋早期
规　格	高 56.5 厘米
参考价	无

因他不懂青铜器，我也就没有再继续说下去，最后告诉他："此器非常少见，如果哪一天你不喜欢收藏了，我可以找一收藏青铜器的人，给转让出去。"他表示自己先收藏着，以后再说，很高兴地走了。

藏品档案

此壶高56.5厘米，形制较大，厚壁，长曲颈于一侧，形似瓠，盖为鸟形，足部蟠蛇，以活络链条与肩腹部虎形錾相连，下承圈足。口沿下饰绞绳纹一周，腹部饰上下五周乳丁云雷纹，乳丁小而排列密集。盖内口铸一"L"形族徽，经查证，应为一"人"字，笔画规整粗大。尤其是壶盖，更是形象逼真，写实生动，将引颈长鸣鸟的灵性，展现得淋漓尽致，栩栩如生，既是一件完美的实用器皿，又是优美的艺术雕塑品。局部有翠绿锈层，锈层为绿松石似的点状，牢固地附在器表，下面可见红褐色的贴骨锈。上有细密的结晶体，整器大部分为返铜现象，色泽明亮沉稳。此器保存极其完好，品相一流，应为窖藏出土的器物，鉴定为春秋早期青铜壶，是一件极为难得的青铜艺术珍品。

実例五

莲盖龙纹双耳壶（二件）

2008年9月11日，河南省郑州市一位女士拿来两件青铜器，来北京中博雅文物鉴定中心，要鉴定真伪，并告诉我说："这两件青铜器是她家先生收藏的，因来北京出差，让她带来给看一下真伪。因为在家乡有人说是真品，有人说是仿品。买时认为是真品，让人家这么一说，自己反而没有主意了。"

看后，我告诉她："回去同您先生讲，这两件为春秋中期青铜壶，真品无疑，保存完好，品相精美，很有收藏价值。至于有人说真，有人说伪，很正常。但真品真在哪里，仿品又是什么时候仿的，要讲出个道理，光说真伪，谁都会讲。局部可见范线，为陶范法所铸。整器不见人工作伪痕迹，老旧与时代特征明显。所以，我说它是真品。"

我只是简单地说了一下我对此器的看法，这位女士说："最好是我打个电话，您和我先生说一下，我说不全。""好吧，我可以同他讲。"我又详细地同她先生说了一遍，尤其是讲了一下此器的范铸原理，对方很高兴，说："我头一回听有人这么专业地给我讲，我当时凭着感觉才买下来的，有人说是仿品，也只是说凭感觉，都讲不出理由来，听您这么一说，我心里有底了……"

女士在临走时，一再向我表示感谢，我觉得这没有什么，随时普及有关古董方面的知识，也是我应尽的责任。

春秋青铜器

莲盖龙纹双耳壶（二件）

年　代	春秋中期
规　格	高44.5厘米
参考价	人民币120万～150万元

藏品档案

　　此两器高44.5厘米，圆体，宽颈，莲瓣盖，鼓腹，高圈足。颈下饰攀缘回顾式双兽耳，由盖至圈足饰六周绞绳纹，颈至腹部饰五周螭龙纹，工艺精细。通体为绿、红、蓝、黑色锈层，局部可见闪亮的结晶斑，明亮均匀，不似人工作伪的那种杂乱无章，灰白色光泽。范线明显，为陶范法所铸，成对保存完好，尤为难得。

在纹饰区内，可见不规则，稍有歪斜的两条自上而下的范缝，说明此器为二分法，即两个陶范所铸，这也显示了工匠技艺高超，若水平低，就可采用三分或四分法制模。模分得越多，范面就会越窄，操作就越容易。双耳为焊接，可见焊缝，为明显的分型铸造工艺。所有的纹饰皆高于器表，而且高度一致，表面的光洁度也一致。纹饰区外的素面上，不见范缝，而纹饰区内范缝明显，说明铸后经过了打磨加工处理，素面上的范缝被磨掉了。

再有，纹饰均呈环带状，从中可看到一组组完全相同的小块纹饰单元。在这些单元之间有范缝，说明这些纹饰是采用了单元纹饰范拼兑技术，是在制范时将提前做好的小块单元纹饰范，一块块拼兑起来，摆在纹饰带上的位置，加入泥料，再夯成整块范。这样，小块拼兑的纹饰范中间，自然就会留下范缝了。这和西周以前的每块范面压塑纹饰技术不同，它大大提高了生产效率。

从青铜范铸逻辑来看，此二器为春秋中期青铜壶，显示了春秋时期青铜铸造工艺的高超水平，实为难得的艺术珍品。

蟠螭纹双耳壶

年　代　春秋中期
规　格　高82厘米
参考价　无

实例六

三角云纹缶（二件）

2008年10月，北京的张先生拿来两件青铜器，说："我是湖北人，在家乡见到了这两件铜器，当时价钱不高，我看是真品，就买下来了。后来有朋友说是仿品，理由是民间不可能见到这么完美的青铜器，真品都锈蚀很重，而且有残缺。我对青铜器了解得不多，所以拿来请您再给看看。"

因时间有限，我不可能对他讲很多的青铜器鉴定知识，只好说："你的那位朋友说得不全面。青铜器真品有的锈蚀严重，有的锈层很少，这不是判断真伪的依据。你可以去上海博物馆看看，馆内像这种水坑器的青铜器不在少数，锈层都少，难道都是仿品吗？器物的老旧程度和时代特征才是鉴定真伪的主要依据。此器虽是水坑器，锈层薄，但在凸起的部位，尤其是边缘的部位，可见有叠压状，如矿藏般的薄薄锈层，这是仿品所做不到的，即使仿出来了，也极其不自然。此二器表包浆浑厚，工艺精湛，我看是春秋时期的青铜器无疑。你收藏青铜器时间较短，最好先不要买，要多看，多实践，有了一定的眼力和知识，再尝试收藏一些也不迟。这两件虽然是真品，但不能说明以后你再收藏的肯定是真的。我的意见你可以考虑。"

他表示听我的，先不买东西了，多积累这方面的经验，以后碰上好的青铜器，再找我给看看。

三角云纹缶（二件）

年　代　春秋晚期
规　格　高32厘米
参考价　人民币100万～120万元

藏品档案

此对缶应为浴缶，高 32 厘米，形体较大，器壁厚度也大于同时期同类器。短颈，平盖，盖顶上立一凤鸟为纽，引颈长鸣，形态生动。圆鼓腹，底为圈足，肩部两侧各有两耳，连接提链式双龙首把手。盖面与腹部饰三角云雷纹带，腹部凸起弦纹一周，纹饰清晰、精细，腹外壁见范痕，垫片，应为陶范法所铸，整体为黄褐色薄锈层，大部分泛铜，呈现出沉稳的光泽。鉴定为春秋晚期青铜缶，为湖北一带出土的水坑器，成对保存完好，甚为少见，具有强烈的时代特征与鲜明的地域特色，为春秋时期青铜器中一对极佳的艺术作品。

鉴定常识

青铜缶有尊缶和浴缶之分。尊缶为盛酒器，形制比浴缶要高，似竖卵形。浴缶，也称为盥缶，为盛水器，形制半圆，流行于春秋战国时期。春秋晚期还出现了方形缶。如果用来敲打，缶也算是一种乐器。

嵌红铜蟠螭纹缶

年　代 春秋晚期
规　格 高 43 厘米
参考价 人民币 60 万～80 万元

实 例 七

鼠季盘

2009年10月11日,从湖北省武汉市来了一位先生,到北京中博雅文物鉴定中心,请我鉴定他带来的几件青铜器,他说:"东西我认为是真品,但还需要您给看看,最后确定一下,如果是真品,您能否给估一下价。"看过这几件青铜器以后,我认为是春秋中期器,尤其是其中一件青铜盘,内底有凸起的阳文铸铭,甚为少见。

我告诉他:"东西不错,全是真品,是湖北一带出土的水坑器。盘内的铭文时代风格非常明显,锈层虽然很薄,但水坑器就是这样。我可以告诉你一个价位,但不准确,还应市场说了算,我劝你还是自己收藏,因为真品很难见到,你手中有了这几件真品,可以作为标准器进行研究,将来对于辨别真伪会有很大帮助。"

我又和他讲了讲青铜器方面的情况,他也比较认同我的看法,很高兴地走了。

春秋青铜器

🌸 藏品档案

此盘高11厘米,口直径41厘米,宽折沿,平底,三兽形足,浅腹,

鼃季盘

年　代	春秋中期
规　格	高 11 厘米，口直径 41 厘米
参考价	人民币 80 万～ 100 万元

腹两侧饰四个飞兽形耳，以活络链条接双龙首环，腹部饰蟠虺纹一周，外底见三角形范痕，盘内底铸有阳文十九个字："鼃季之铸巳（祀）行盘，子子孙孙其眉寿，万年永用享"。青铜器铸铭文多为阴文，字口下凹，而此盘铭文为阳字，字体凸出，甚为罕见，鉴定为春秋中期楚国青铜盘，具有浓厚的地域特点，极为珍贵。

鉴定常识

青铜盘是商代至战国时期流行的一种盛水器。《礼记·内则》载：

"进盥，少者奉盘，长者奉水，请沃盥，盥卒授巾。"即是说用匜来注水，用盘接。盘、匜是相需相随而用的。匜常常放在盘内，盘还可以用来盛冰。西周中期盘常常和盉一同出土，西周晚期至春秋则和匜一同出土，战国以后盘则被"洗"代替，商代早期出现青铜盘，为数不多，商代晚期开始流行，经西周与春秋战国以后消失。

商代至西周早期的盘，圆体、直沿、浅腹、平底，下有圈足，多数无耳，盘内多以水生的动物，如龙、鱼、龟等为纹饰。西周中晚期的盘，置附耳居多，圈足或兽足，除了圆形盘以外，此时还出现了长方形盘。春秋战国的盘，沿袭了西周时期的形制，圆形居多，浅腹、平底、直壁，盘的铭文在内底。

盘的断代有以下特征：

1. 盘无耳者为商代器物，附耳者为西周晚期器物。
2. 圈足下加三足者，为西周晚期至春秋战国时期器物。

平底附耳三足盘

年　代　春秋中期
规　格　高 18.5 厘米，口直径 39.5 厘米
参考价　人民币 50 万～60 万元

龙蛇纹活耳鉴

2009年5月，应安徽省合肥市一位王先生的邀请，我去他家中鉴赏古玩。王先生以收藏木器为主。看完他的藏品后，在我们闲聊时，他提起最近收藏了一件青铜器，查阅了资料，也没找到同类器的记载，不知是何年制造的东西，问我能否给看一看。我说："您还跟我客气什么，我一生最大的兴趣就是鉴赏古玩，不管东西真伪、好坏，都能从中得到乐趣。您把东西拿出来吧。"

他把青铜器搬了出来，是一件带活络双耳、造型特殊的盆形器。我也是第一次见到这种形制的青铜器。我将此器仔细看了看，从锈层上来看，没有人工作伪痕迹，为自然生成的锈层，器表见范痕，为陶范法所铸，双耳为插焊，时代特征明显，鉴定为春秋晚期青铜鉴。

王先生听完我说的结论后，很是认同。我们又聊了一会儿鉴赏古玩的心得，直到很晚我才回去。

回京后，我查阅了有关资料，发现在商代就已有了类似这种形制的器物，后人称为"釜"，为炊器。演变至春秋时期称为"鉴"，功能也有所变化。这件青铜鉴，保存完好，甚为难得。

龙蛇纹活耳鉴

年　代　春秋晚期
规　格　高 22.8 厘米，口直径 30.7 厘米
参考价　人民币 60 万～80 万元

春秋青铜器

🌀 藏品档案

　　此器高 22.8 厘米，口直径 30.7 厘米，厚壁，侈口，深圆腹，两侧置活络龙首环形提手。腹上部饰龙纹、蛇纹、变形兽面纹，下部饰三角云纹，纹饰清晰流畅，铸造精良，通体为绿色锈层，上有土锈结合硬块，甚为少见。鉴定为春秋晚期青铜鉴，有很高的收藏价值。

鉴定常识

鉴为盛水或盛冰之器，古书中将"监"解释为"大盆也"，古文"监"、"鉴"通假，后世即将大盆形盛水器称为"鉴"。在铜镜还没有盛行时，古人常以盘鉴之类的器皿盛水照容貌，或盛冰以防食物腐败，大的鉴还可以用为沐浴，故鉴有四用：盛水、盛冰、照容和沐浴。青铜鉴始于春秋中期，流行于春秋晚期至战国时期，西汉时还有铸造。其主要形制为体大如盆、大口、深腹，有双耳或四耳，少数为方形。

鉴与盘的区别有以下三点：

1. 鉴腹深而盘腹浅；
2. 鉴一般无足而盘有圈足或下加三足；
3. 鉴为盛水、盛冰、照容和沐浴之用，而盘为盛水、盛冰和接水之用。

兽耳方鉴

年　代　春秋晚期
规　格　高23厘米，口直径40.5厘米
参考价　人民币60万～80万元

蟠螭纹鉴

年　代　春秋晚期
规　格　高26.5厘米，口直径42.6厘米
参考价　人民币80万～100万元

实 例 九

蟠虺纹提链盆

春秋青铜器

2009年10月11日,湖北省荆州市的一位先生到北京中博雅文物鉴定中心来找我,带来了一件青铜盘和一件青铜盆。根据纹饰、局部形制来看,这两件铜器应为同一墓出土。其中那件青铜盆整器覆满蟠虺纹,保存完好,纹饰清晰,非常难得。

详细看过之后,我给他说了我的看法:"盆为盛食兼可盛水的器皿,盛行于春秋时期。这件青铜盆就是春秋晚期的。"他很满意地说:"这件东西已经收藏了很多年了,以前也找专家看过,说法不一,只说真或假,其他的都不讲,实在不明白原因,今天听你一说,我算长了见识了。"我对他说:"收藏不是收购,所以要研究收藏品的历史和内涵。要能看真伪,就必须多看实物,才能提高眼力。能收藏一件青铜器真品,是许多收藏家的梦想,你能收到这两件真是幸运,好好保存吧。"他表示同意我的看法,带着他的宝贝高兴地走了。

藏品档案

此盆高26.5厘米,口直径40厘米,圆腹、圈足。盖顶隆起,

蟠虺纹提链盆

年　代　春秋晚期
规　格　高 26.5 厘米，口直径 40 厘米
参考价　人民币 80 万～100 万元

中心有一环纽，四周置四个兽形纽。盖顶与腹外部饰细密凹凸的蟠虺纹，极具流动与立体感，是春秋晚期与战国早期楚地流行的一种纹饰，华丽精细，不似一般平面化的蟠虺纹。腹部两侧饰飞兽形耳，以链条连接双龙首提手，通体为绿、黑、灰色薄锈层，局部可见泛铜现象，范线与垫片明显。器形较大，工艺精湛，鉴定为春秋晚期青铜盆，甚为少见，反映了春秋时期青铜铸造工艺的高度发展水平，是一件极佳的艺术精品。

实例十

史叔编钟（九件）

春秋青铜器

2009年8月，在北京中博雅文物鉴定中心，来了一位孙先生，带来一组青铜编钟，说："几年前我收藏了这套编钟，请了好多人看过，都说是真品，只是上面的铭文认不全，还有在腹腔上部有细长条形状的孔，不知是干什么用的，有人说是调音用的。我研究了好长时间也搞不懂，今天拿来请您给看看。"

看后，我告诉孙先生："这套编钟是春秋早期的，东西很开门。对于上面的铭文，我简单地说一下。文中的'唯'字为助词，金文中多用于时间前来表示肯定或在句首前作发语词，无意义。'叔'字，据考证《说文》《尔雅》《仪礼》等典籍，有十多种意义，其中主要有三种：一为辈分之称；二为排行次序，伯、仲、叔、季；三为姓氏。在此应为姓氏之说。这组编钟上的铭文，因钲部空间有限，出现了减字现象，它实应为'唯王六年既生（霸），命史叔（作钟），（置于）大宗（庙），子子孙孙永宝用'。大意为：'在周王六年某月的上半月，命内史姓叔的做此组编钟，放在大的宗庙中，用于祭祀，祈愿子孙后代永远宝用。'说明此组编钟是周王室所用，时代特征极其明显，关于腹腔上面的长条状小孔，我认为这是芯撑痕。此钟是用陶范法制作，在合范时，在泥芯上设置了突起的、泥质的小撑子，这些小

史叔编钟（九件）

年　代　春秋早期
规　格　高 24.5～39.5 厘米
参考价　无

撑子直接顶着范，目的是使泥芯与范之间保持一定的间隙，确保浇铸时钟的壁厚均匀。铸好器，清理泥范后，就留下了这长方形的小孔，即是芯撑痕。它和钟的发音没有任何关系。

春秋时期，在一些器物，如鼎的足部，编钟的午部和枚之间等部位，可见有这样长条孔状的芯撑痕。有的编钟是厚壁的，则在腹腔的下部，可见到用铜或铁做的小圆柱状支钉痕。"

藏品档案

这组编钟，共计九件，为一编，合瓦形，为甬钟，通高分别为24.5~39.5厘米，大小依次递减。每件甬与体腔相通，甬内有白中泛红色，烧结的范土。厚壁长腔，有旋有干，封衡。甬作上小下大的柱状，上饰蕉叶龙纹。旋上饰三角纹和绳纹。午部饰细密的蟠虺纹，篆部饰细龙纹。鼓部饰牛角兽面纹。全器饰三十六个枚，枚的分布略大于腔体的二分之一。钲间有铭文二行十八字"唯王六年既生，命史叔，大宗，子子孙孙永宝用"。字体雄健肥硕。在腹腔上部，枚的之间有长条状小孔。通体为绿、蓝、黑、暗红色锈层，牢固自然。此套春秋早期的编钟保存完好，铭文字迹清晰，甚为罕见，极为难得，有很高的历史研究价值与学术价值，极其珍贵。

鉴定常识

编钟是我国古代的一种打击乐器，用青铜铸成，它由大小不同的扁圆钟按照单调高低的次序排列起来，悬挂在一个巨大的钟架上，用丁字形的木槌和长形的棒分别敲打钟体，能发出不同的乐音，因为每个钟的音调不同，按音谱敲打，可以演奏出美妙的乐曲。

早在约 3500 年前的商代，中国就有了编钟，不过那时的编钟多为三枚一套。后来随着时代的发展，每套编钟的个数也不断增加。编钟是西周时代祭祀、朝聘、宴享的主要和声乐器，尤其适合于伴奏，西周时还以此礼乐制度规定名位、等级。编钟是王公贵族权势的标志，在民间很少流传。

我们的祖先在商代就摸索出了铜、锡、铅三种成分的最佳配方，以获得优美的音色；掌握了钟体大小、钟壁厚薄与音高的严格比例，铸造出不同音律的编制系列；设计了"合瓦式"的独特钟形与复杂的钟腔结构，形成了奇妙的一钟双音和优美的旋律。

从出土的编钟来看，不仅音调准确，而且纹饰极为精细，说明当时对青铜模具的制造技术已经运用得极为熟练。

被誉为国宝的曾侯乙编钟是我国现存最大、保存最完整的一套大型编钟。1978 年出土于湖北省随州市的一座战国早期墓葬——曾侯乙墓中。编钟共 65 枚，总重量达 3500

蟠螭纹编钟

年　代　春秋晚期
规　格　高 28.5 厘米
参考价　人民币 40 万～50 万元

千克，它的重量、体积在编钟中是罕见的。曾侯乙编钟，铜、锡、铅的含量达到了最合理的比例，可见春秋战国时期，人们对合金成分与乐钟性能的关系已经有了精确的认识，正因为如此，铸出的钟才音色优美，经久耐用。

曾侯乙编钟在一个钟上能敲出两个准确的音符，这一现象一度使人感到惊奇和困惑。经声学检测发现编钟能发双音的机制在于它的合瓦形状。当敲击钟的正面时，侧面的振幅为零，敲击侧面时，正面的振幅为零。这样双音共存一体，又不会互相干扰。

战国时期还有编钟制造，随着礼乐制度的崩溃，汉代以后就很少见到编钟了。

春秋青铜器

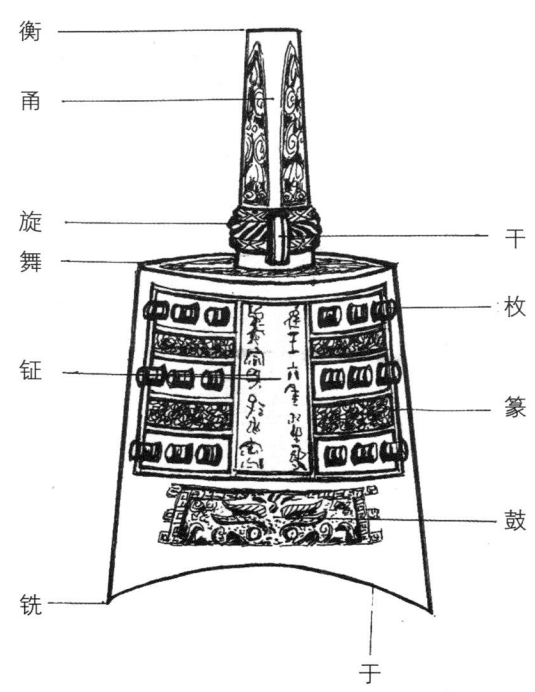

青铜钟的各部分名称

龙纹编钟（九件）

年　代　春秋晚期
规　格　高 19.2～32.5 厘米
参考价　无

实例十一

楚王剑

2009年11月15日，应内蒙古元上都博物馆呼和浩特分馆邀请，我去参加馆藏鉴定会，在古代兵器库房内，见到了一把青铜剑。

当时，这把剑用报纸包着，和其他的几把剑都放在一个锦匣内。我打开报纸一看，此剑锋利无比，通身闪着沉稳的暗黄色光泽，包浆细腻，细察剑身，平滑如镜，在剑格两面处，以阳文铸有鸟虫篆铭文"楚王□□自作用剑"，我马上意识到此剑非同一般。

我问他们："你们知道这把剑的来历吗？这上面的文字认识吗？曾找人看过没有？"一连串的问题，使有关人员答不上来，只说："不知道，这上面的铭文也没人认识，只知道都是古剑，就放在一个盒里了。"我马上说："此剑是一把楚王剑，具体是哪位楚王的，上面虽有铭文，我也不认识那两个字，以后再研究。这把剑是这里古代兵器中最珍贵的一件了，其文物和艺术价值都非常高，堪称国宝级，一定要保护好，马上另找锦盒单独存放。"

走出库房，我心中无限感慨：今天又见到了一个罕见的宝贝，不虚此行。今后还要多出来看看，民间的好东西真是不少啊！

春秋青铜器

藏品档案

此剑长57.2厘米,剑身扁平,中间起脊,横断面为菱形,圆柱形茎,中间两条凹箍,剑首内饰同心圆纹,剑格铸鸟篆铭文"楚王□□自作用剑"八字,铸造精良,保存完好,刃部锋利,通体呈暗黄色,上有黑灰色锈层,坚硬牢固,鉴定此剑为春秋晚期楚国君王所用,是极为珍贵和罕见的稀世珍宝。

春秋战国时期青铜剑时有发现,但铸有某王铭文的极少,现在市场上青铜剑仿品很多,但其基本上都是按现代铸造理论制造的,与真品相去甚远。

楚王剑

年　代　春秋晚期
规　格　长57.2厘米
参考价　无

鉴定常识

剑，又称直兵，为一种用于刺劈的直身双刃尖锋兵器，为古代贵族和士兵随身佩带，是用于自卫防身和进行格斗的兵器，可斩可刺。春秋战国时期，人们佩剑还有表示等级身份的意思。

剑起源于何时？现无确切的资料可以说明。在西周早期，剑的形式就已相当成熟了。最迟在商代晚期剑就已出现了，春秋战国是青铜剑最盛行的时代，汉代以后铁剑流行，青铜剑逐渐消失，其变化特点是时间越早，剑体越短。

剑由剑身与剑柄两部分组成，每一部分都有专用名称，但历代对各部位名称定名并不一致，现参照记载，剑身部位前端的尖部为"锋"，剑身中间突起部分为"脊"，脊两侧的边沿称为"刃"，剑柄部分称为"茎"，绕在茎上的绳称为"缑"，剑身与茎连接处，起护手作用的部位称为"格"，茎的末端圆形内凹的部位称为"首"，茎上突起的部位称为"箍"。剑的形制有多种，如柳叶形扁茎剑等，

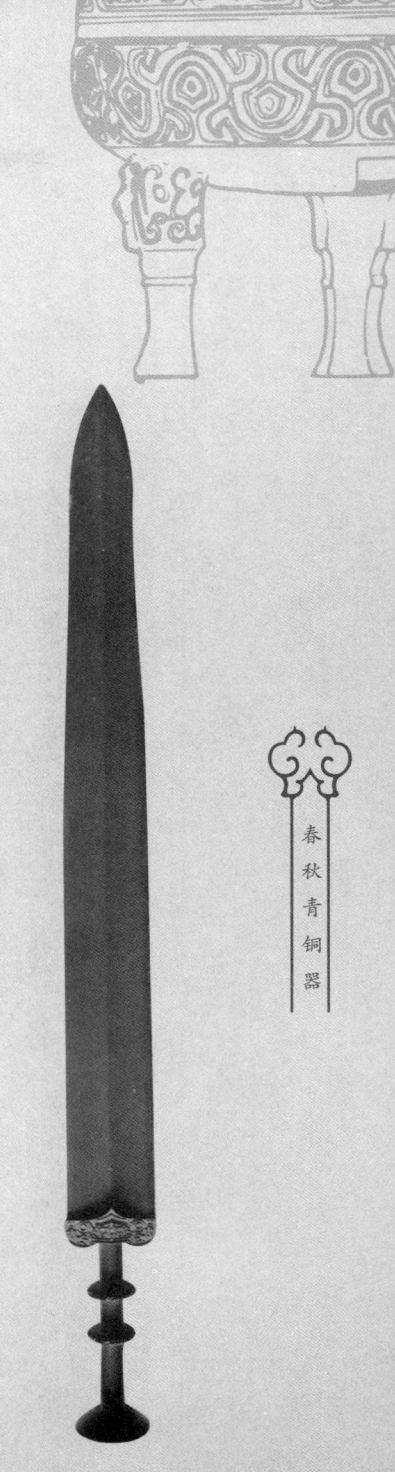

春秋青铜器

青铜剑

年　代	春秋晚期
规　格	长 56.6 厘米
参考价	人民币 40 万～50 万元

在战国至汉代,还有一种为了显示剑主人显赫身份、地位和富有程度,用玉做成剑格和剑首等部位的剑,称为"玉具剑",其实无非是一种装饰而已。

商代青铜剑一般无剑格,通长为20~30厘米。西周时期剑身比商代的扁且略长,有剑格,春秋时期剑则沿袭了西周形制,但剑身加长,在50~60厘米之间,铭文在剑身的居多。战国时期剑为圆茎,脊侧有的带有血槽,剑刃前部向内侧收缩,呈弧曲状,铭文除了在剑身处之外,还有在剑首的底部或剑格上,极少数在箍上。剑身上的花纹有鎏金、错铜、错金银的。剑身长度最多有达到70厘米的。春秋战国时期的青铜剑,有多种多样的铸造方法,并非千篇一律,但是铸造最精良、最具风采的是吴越地区之铸剑。吴越人勇武好剑,史书上有关吴越出宝剑的记载也屡见不鲜。现在发现的吴越古剑,有的在剑上有吴王和越王的名字,用国王的名字命名剑,说明它的珍稀和高贵,更体现了它的价值。

镂空龙纹短剑
年　代　春秋晚期
规　格　长25.5厘米
参考价　人民币30万~40万元

战国青铜器

由于春秋晚期各诸侯国之间兼并加剧，于是时代过渡到战国时期。就青铜器而言，无论器形还是纹饰，战国早期和春秋晚期有许多共同之处，但由于人们文化和生活水平的提高，器物也随之深化，产生了一些值得注意的现象。

以鼎类器物而言，敛口、有盖、附有耳、短蹄足形，而这种形体的鼎在春秋晚期墓葬中很少发现。这类扁圆形短足鼎，在战国早期的三晋地区首先使用，另一种连裆鼎或短鬲足鼎，实际上是很短的足与器腹相连，这种软接触的铸造方法是新的设计方案，它是从短足鬲的形体移植并稍作改变而已。

甗在这一时期多数是分体式的，鬲口有一圈上斜的圆盘，用来让甗内液体蒸气冷凝后的水回流于鬲中，这是战国早期的甗的新式样。在较大的墓葬中，还发现腹大而深，颈盖上有环纽的链壶。

战国早期的纹饰，以题材而言，仍然是蟠龙、卷龙和交龙占据绝大部分。此期的另一变化是图像变形有所增加，还有一种变化就是纯几何纹的出现。描绘水陆攻战、宴乐、采桑等题材的纹饰开始出现。

青铜器从春秋晚期至战国早期发展到了顶峰。常言说，物盛必衰，青铜器也是如此，至战国中期以后，青铜器的形制和种类都减少，铸造工艺和造型艺术都不如春秋时期。实际上就是青铜器的衰落时期。但还是有一些器群出土。战国中晚期墓葬中出土的青铜器，许多都是春秋晚期至战国早期的遗物。在鼎类器物中，南北差异很大。附耳低短的盖鼎，形体非常厚重，是三晋时期的常用器形。战国晚期，原三晋和燕赵地区用的都是附耳低矮的扁圆鼎。

此期甗不是很流行。敦仍然是圆形和扁圆形上下对称的两种。豆的式样也不多。

水器的基本器形仍然是盘、匜、鉴。楚地新出土的是斜唇或平唇的中腰收缩平底双耳盘，耳有环，器壁很薄。大型的鉴在本期迅速减少。酒器中，壶的变化最为显著，有扁壶、方壶、圆壶、错金银壶。这里的方壶是指四角从上而下呈直角形的壶，即所谓的钫，而不是春秋时期流行的圆角扁方壶。方壶是这一类器物中具有时代气息的代表。此时从楚国开始流行的一种双耳壶，形似直卵体，宽口，壶口微侈有盖，双耳置于肩上，盛行于长江流域。另一类是扁球体的直颈有盖圈足壶，也是战国中期常用的式样。

战国中晚期的纹饰，变化很显著，除了还使用一些早期的纹饰，最主要的变化是出现了刻纹画像。这种纹饰不是范铸后镶嵌的，而是用极其锐利的刀尖刻凿而成的，这种纹饰只能在冶炼优质铜取得成功后方能出现，大约是与刻凿的铭文同时出现的。二是素面青铜器的大量出现。三是有许多镶金、银或绿松石的几何变形图案，有云纹、菱纹、勾连纹等，这些变形的几何纹极其规律，但又富于变幻的绚丽效果，令人目不暇接。归纳起来，战国中晚期的青铜纹饰，是一个由盛转衰的过程，以素面纹的出现作为标志。

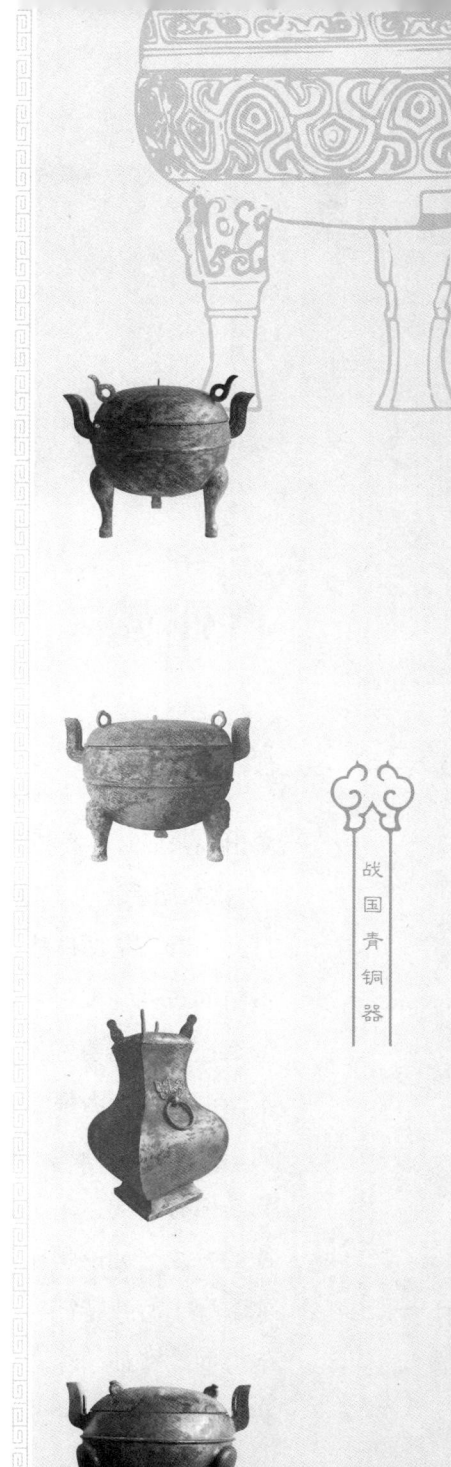

战国青铜器

实 例 一

自作鼎（二件）

2006年7月应武汉市郑先生之邀，前去鉴定瓷器，临别之时，郑先生拿出一张照片，委托我回京后找个人给看看这件青铜器。拿过照片，我说："实物在您手上吗？能否让我先看看。"郑先生马上从里屋拿出两个大锦盒，打开一看，是两件战国时期的青铜鼎。看后，我把结论告诉了他：是一对不错的东西，要好好收藏。他感到很惊讶，说："您不是鉴定瓷器的吗？怎么连青铜器也懂呢？"我告诉他："有人认为玩瓷器的不懂画，玩玉的不懂铜器，什么都懂等于什么都不懂，其实错了。古董都是相通的，你可能在瓷器上是强项，但其他方面你也应该了解，大量接触，艺不压身，只要是你有兴趣，多研究，对你的专项收藏是有很大帮助的。比如说明代宣德的龙纹，无论是在瓷器上，还是木雕、石雕上，形状都是一样的，只要你掌握了时代特征，你马上能断定出它的年代。至于东西新老，还要看其他方面的特征。综合考察，才能得出结论。"郑先生对我的说法比较认同，我也为新看到一对青铜鼎真品感到很高兴，特以记之。

自作鼎（二件）

年　代　战国早期
规　格　高 38.8 厘米、39.3 厘米
参考价　人民币 200 万～250 万元

藏品档案

此对鼎分别高 39.3 厘米和 38.8 厘米,宽体、圆腹、附耳,三个细长六方兽蹄足,贴于腹下部,因此形体较高,盖中心为环纽,周围分设三个卧牛形纽,神态生动。盖与腹部分别饰有三周如意绳纹,盖顶与腹上都饰浅蟠螭纹,其中一鼎腹内壁铸四行十一字铭文"自作□□□鼎其子孙是物",字体排列均匀整齐,每字竖笔引长下垂,为"垂针篆"字体的先河。

在三足的表面,每一足均有两条明显的范缝,与鼎腹部不贯通。在西周以前铸造的三足器,大多可在足上找到与腹部贯通的范缝,说明西周以前的足与腹部为整体铸造。春秋以后,则采用了分铸组成工艺,大量使用焊接技术,把铸件分型到最小单位,最大限度地减少

蟠螭纹鼎
年　代　战国中期
规　格　高 26.5 厘米,口直径 27 厘米
参考价　人民币 60 万～80 万元

了废品率,保证了铸造质量。足与腹部分别铸造,大多采用了三分法,铸后的腹部一周还会留下三条等距离的范缝,焊足时,将三足焊在了三条范缝之间,即在腹部每两条范缝之间焊一足。此器的附耳与盖纽,均有范缝,也是单独铸成后,再焊接到鼎的盖与腹上部的。在盖与腹下部可见多块垫片,其范铸逻辑明显,为战国时期在铸造工艺上,分型铸造、铸后组装的经典之作。

成对的青铜鼎,在中原地区几乎见不到,多为奇数,但在战国时期的楚国(主要指江汉平原的长江中游地区),文化特点突出,礼器组合与北方不同,鼎多为成对、为偶数出现,并且器形独特。此对鼎应为战国早期楚国青铜器之典型器,保存完好,极为少见,为研究古代青铜铸造工艺,提供了宝贵的实物资料,有很高的历史研究与收藏价值。

蟠螭纹鼎(二件)

年　代　战国早期
规　格　高 36 厘米
参考价　人民币 120 万～ 150 万元

实例二

圆鼎

  2009年5月,我在宁夏回族自治区银川市搞古玩鉴定,见到了一件青铜鼎,品相一流,铸造精良,腹上部刻满铭文,笔画纤细,字迹清晰,时代风格明显,鉴定为战国中期青铜圆鼎。

  在鉴定现场,有藏友问我:"青铜器的铭文不都是铸出来的吗?这鼎上的铭文为什么是刻的?会不会是后人在真器上刻的?"对于这个问题,我只能简单地回答:"您说的问题咱们探讨一下,战国以前的青铜器铭文,都是铸铭,只是在春秋时才开始有了刻铭,因为刻铭需要锋利、刚性强的工具才能完成,春秋以前没有这种工具,至战国时期刻铭就已经很普遍了,内容也多是'物勒工名'。如果在真器上后刻伪铭文,那么器表的氧化层肯定被破坏掉。刻好伪铭文后还要做假锈。所以,我们鉴定时要在细微处察看,一旦发现铭文部位的锈层和全器不同,那肯定是后刻的。这件鼎就是一个标准器,全器锈层一致,所以说它上面的铭文与鼎是同一个时代的,不是后刻的。"

藏品档案

  此鼎高19厘米,口直径17.5厘米,厚壁,覆盖,盖上有三个

圆鼎

年 代	战国中期
规 格	高 19 厘米，口直径 17.5 厘米
参考价	人民币 80 万～100 万元

环形纽。双附耳微曲，盖与器合成一个扁圆体，三足甚矮而上段肥大，腹部有凸起的弦纹一周，在腹上部利用素面凿刻大量铭文，共 154 个字，内容有待研究。通体泛铜，局部有绿色锈层，下有暗红色锈层，器表光泽柔和，具有熟透感，鉴定此器为战国中期青铜鼎，为三晋和燕最流行的式样之一。虽然中原的晋文化青铜器，东方的齐鲁器，西方的秦器，南方的楚器，北方的燕器，都是源于西周青铜文化，但后来由于地域与文化的差异，造成了异彩纷呈的各地区青铜文化，此器即是当时晋燕青铜文化的代表作，保存完好，为同类器之精品，有很高的历史研究与收藏价值。

实 例 三

鎏金圆鼎\方壶（二件）

2006年5月13日，在浙江省宁波市举办的"首届民间收藏鉴赏会"上，一位中年先生带着他的女儿来到了会场，说："我不是搞收藏的，家中老一辈留下了几样瓷器和铜器，瓷器都没有了，只剩下两件铜器，因为是工薪阶层，收入不高，女儿今年又要考大学，如果考上了，还需要用钱，我想把这两样东西卖掉，给她凑些学费。谁知道有的专家说是新仿的，不值钱，我认为他们在瞎说，今天拿来请您给看看。还有，买东西的人就在会场外，您说是真品，人家就要了……"我打断他的话："您不要说了，我先看看东西吧。"在我察看这两件铜器时，父女俩站在我的对面，表情复杂，眼神中带着紧张、焦虑，又带有自信和希望。

这两件铜器，一件是鎏金圆鼎，一件是鎏金方壶，上面均刻有铭文，保存完好，鉴定为战国晚期青铜器。当我把结果告诉他们时，一声尖叫，打破了会场上静穆的气氛。那个女孩兴奋地跑向门外，告诉了等在那里的两个买主，买主来到了我面前说："我们早就看好了这两件东西，听说您从北京来搞鉴定，就一定要您认可才行。您认为东西是战国时期的，和我们判断的一样，这两样东西我们要了。"

两小时后，父女俩又回到了会场，告诉我，东西已经卖了，价钱还合适，

鎏金圆鼎

年　代　战国晚期
规　格　高 18 厘米
参考价　人民币 30 万～ 40 万元

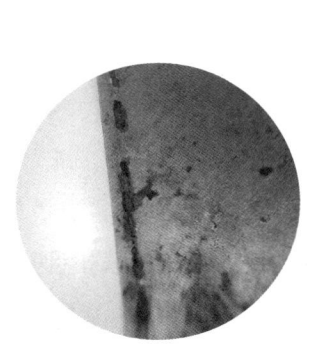

鎏金方壶

年　代　战国晚期
规　格　高 23.5 厘米
参考价　人民币 40 万～ 50 万元

向我表示感谢。我说："不要谢我,是你们祖传的东西好,预祝你的女儿今年能考上大学。"女孩向我鞠了一躬,父女俩高兴地走了。望着他们的背影,我相信,那个女孩一定会考上大学的。

藏品档案

此鼎高 18 厘米,通体鎏金,金层均匀,平整,厚实,光泽夺目耀眼。鎏金是自春秋至汉代较为流行的技术,曾被称为"黄金涂"、"金黄涂"、"涂金"。宋代开始称鎏金,现代叫镀金。这种工艺主要是将金粉在 400℃左右的温度下,按一定的比例溶解于水银(汞)之中,制成膏泥状的合剂,俗称金泥。然后将金泥均匀地涂抹在器物的表面,加以烘烤,水银被蒸发掉,而金则留在器表上了,再经过压光整理,就成为鎏金器了。经过鎏金的铜器更显富丽华贵,鎏金技术起到了保护铜器,防止氧化的作用。

鼎盖上刻铭文共二十个字(内容待考),这些铭文是根据需要用钢质的錾子多次錾刻而成,在实际操作中,用榔头敲打錾子,而不是用手拿着刀具去刻画,这就需要比铜器硬度更大的钢料,而且钢料通过淬火处理后,不但有足够的硬度,还要有较好的韧性,至于中国从什么时候开始对钢料进行淬火处理,说法不一。此器上錾刻的铭文,说明在战国时期,钢料淬火技术已经能够成熟地被运用了。由于是錾子錾出的铭文,其字口全部为 V 形槽,并且有明显的錾刻痕迹。

此件鎏金鼎为战国晚期青铜器,工艺精湛,保存完好,有很高的历史研究与收藏价值。

方壶高 23.5 厘米,通体鎏金,盖上有刻铭文七字,盖顶部有四纽,颈下部两侧饰铺首衔环耳,高圈足,局部见有绿色锈层,自然,坚硬。

　　细察此器造型，并不是范铸所制，而是焊接而成。由于春秋中期后，发明了焊接技术，很多青铜器采用了传统的范铸技术铸出散件，再经焊接技术焊成整器，而此器全部采用了焊接技术。根据设计需要，经过精密计算，将材料施压，进行弯曲成型，再焊接成整体。这样整器更显轻盈秀美，在器的边缘，可见焊缝。历经两千多年，完好如初，可见当时焊接技术之高超。

　　此方壶与圆鼎应是一起出土的，两器盖上铭文的刻法与笔画一模一样。鉴定为战国晚期器，甚为罕见，弥足珍贵。

战国青铜器

镶红铜三角云纹敦

　　2008年12月3日，北京的王先生拿来一件青铜敦，到北京中博雅文物鉴定中心，请我帮他鉴定一下真伪。因为这件青铜器是水坑器，他不太了解，真伪不好辨别，所以还没有进行交易，想让我给判定一下，如果是真器，他准备买下来收藏。

　　我看后告诉他，此器为战国中期青铜器，名字叫敦，是真品。王先生听到我的话后，很高兴，问我如何鉴定出的。我说："青铜水坑器作伪比较容易，但鉴定起来很难，因为它不像北方土坑器，满身多是红斑绿锈，它只是一层亮晶晶的绿锈，鉴定时可说明问题的地方太少，只有见得多了，才有把握下结论。"

　　最后，我很认真地对他说，古代青铜敦时而能见到，但大多为素面，有纹饰的不多，能有镶嵌工艺的较少，此件器价位如果合适，可以收藏。毕竟收藏一件青铜真品不易，更何况还有镶嵌红铜，这是一件难得的古代艺术精品。

镶红铜三角云纹敦

年　代　战国中期
规　格　高 29.5 厘米
参考价　人民币 50 万～60 万元

藏品档案

此器高 29.5 厘米,球体,盖与器对称,均有龙形三扁足,可分开使用,区别之处在于器有子口。两侧设圈耳,器上下均饰交错的三角云纹带,全部纹饰以镶嵌红铜工艺制成,精细美观,具有细密流畅、富丽堂皇的效果,显示其装饰工艺已达登峰造极的地步。鉴定此器为战国中期青铜敦,较为少见,为青铜敦之典型器,有很高的收藏价值。

蟠螭纹敦(二件)

年　代　战国中期
规　格　高 28 厘米
参考价　人民币 80 万~100 万元

鉴定常识

敦为古代盛放黍、稻、粱等饭食之器，因形似西瓜，俗称"西瓜鼎"，是由鼎和簋的形制结合发展而成，是一种新颖别致的食器。它始于春秋时期，盛行于战国时期，秦代以后消失。其基本形制为上下内外皆圆，盖与器合成为圆球体或卵形体，少量的敦也有上下不完全对称的，分开则是两个半圆形体。春秋时期青铜敦上下各有两环耳，器下附三兽形足，盖上饰三环纽。战国时期出现圈足，其余的与春秋时变化不大，敦的最大特征是上纽与下足不完全相同。

市场上青铜敦的仿品时而也能见到，虽然造型、铜质仿得也很逼真，但锈层却与真品相去甚远，尤其是水坑器，猛一看像真品，细一看，在其细微处能见到人工作伪痕迹，即可判伪。

战国青铜器

蟠螭纹敦

年　代　战国中期
规　格　高 27 厘米
参考价　人民币 40 万～50 万元

实 例 五

错银凤鸟云纹豆

2006年5月13日，在浙江省宁波市举办了"首届民间收藏鉴赏会"。当时来了一位40岁左右的先生，拿着三件青铜器请我鉴定一下。

我看了看后问他："您搞铜器收藏多少年了？"他说："我不是搞收藏的，这几件东西是我们老板的，他今天实在没时间过来，让我拿来给鉴定一下。"原来如此，因这三件铜器中，只有一件是真品，其余两件为仿品，本来想给他详细讲一下，但东西不是他的，说多了也没用，只好简单地告诉他，只有一件对的，其余不行，可让他老板给我打电话，我再详细同他讲。

没想到，第二天在会场，这个老板来了，我给他讲了青铜器收藏的要领，他听了有些茫然，看得出来，此人有钱，但在收藏方面很浮躁，并没有深入实践，等于是在胡买、乱买。我只得说："不管您是干什么生意的，是搞房地产的，还是搞什么企业的，那都是您的主业，而搞收藏，连您的副业都谈不上，充其量是玩儿，有钱就买呗。其实也不是收藏，是在收购，这件铜豆您是碰上了，是个真品，但绝大多数都可能是仿品。真让您整天去研究古玩，也不现实，喜欢古玩，是一件好事，在您不了解真伪的情况下，先不要盲目地买，如果要买，也要找这方面有实战经验的人给您把把关。"

这些话他倒是能听明白，并且说："你说的这件青铜豆，是我在一古

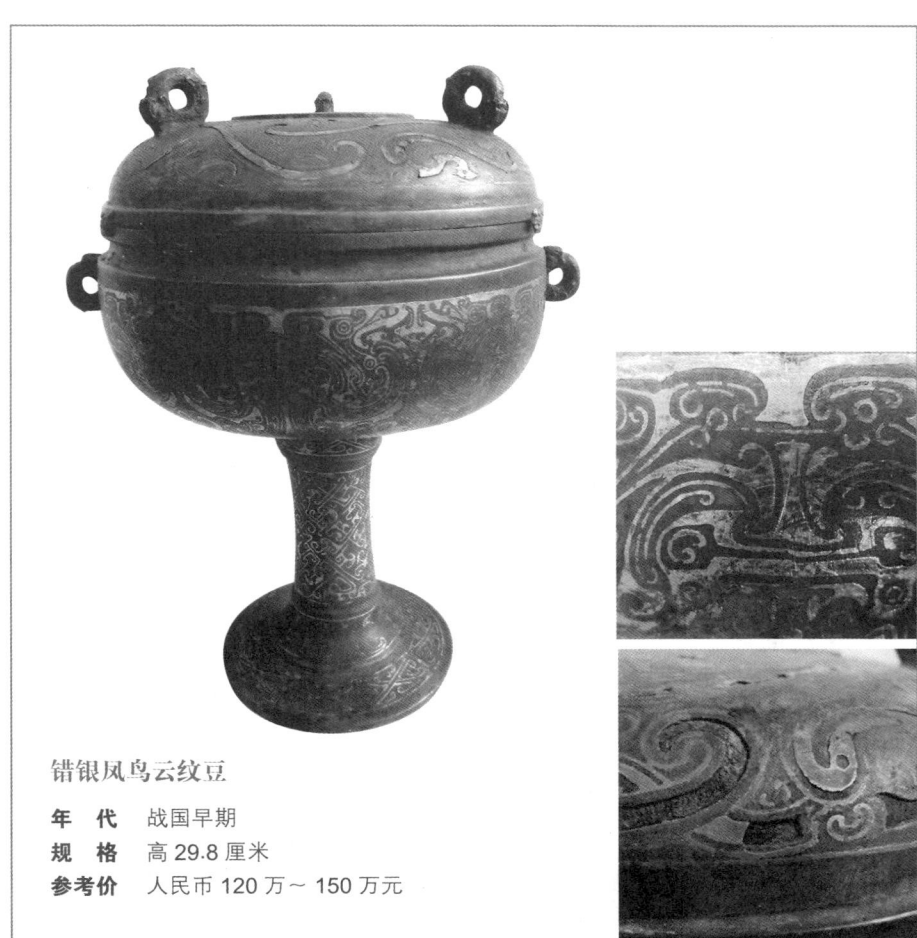

错银凤鸟云纹豆

年　代	战国早期
规　格	高 29.8 厘米
参考价	人民币 120 万～150 万元

玩店买的，当时店主说东西保真，我就买下了。其余的两件是别人拿来让我买，也说东西保真，我也就买了，还花了不少钱呢。""唉，没办法，市场就是这样，你自己还应多实践，多看，这件铜豆虽然是水坑器，比较难鉴别，但它是真品，你可以拿它当做标准器，回去后多研究一下它的老旧时代特征，以后再碰上仿品，你肯定不会买的。"

因见他太爱古玩了，我不由得一再叮嘱他，希望他能有所收获。

藏品档案

此件豆高29.8厘米,深腹,厚壁,盖与盘扣合呈扁球形。盖作覆碗状,上有三个兽形环纽。盘腹两侧有一对兽形环耳。圆柱形柄,下接喇叭口形圈足。盖与盘为子母扣合口,盖口沿上有三个兽首为子母扣。盖与盘腹部饰凤鸟流云纹,柄部饰勾连蟠龙纹,圈足饰三角云纹,全器共七层纹饰,全部镶嵌银片和银丝(错银),形制规整,工艺精湛,纹饰华丽,线条流畅。局部错银纹饰有剥落,可见到原始剔槽痕迹,槽内为暗红色锈层,内有闪亮的碳化结晶斑。整器无人工作旧痕迹,尤其是剔槽镶嵌技术,不似现在人为在旧器上剔槽后镶嵌,将银片剥开后,槽内为黄色新茬。此器为战国早期吴越地区的青铜豆,无论是器形塑造,还是纹饰的镶嵌工艺,都显示了匠师的聪明才智和非凡的技艺,是一件令人叹为观止的青铜艺术珍品。

错银龙纹方豆(二件)

年　代　战国中期
规　格　高31.6厘米
参考价　人民币200万～250万元

鉴定常识

豆是古代用来盛放腌菜、肉酱的器皿，也是礼器。《说文解字》："豆，古食肉器也。"豆常以偶数组合使用，但也有用奇数组合的。青铜豆来源于新石器时代的陶豆，出土和传世的青铜豆都比较少，这和当时人们多用陶豆、漆豆和竹木的豆有关，而这些材质的豆因不易保留，现在也是极难见到的。

青铜豆出现在商代晚期，通行于西周时期，流行于春秋战国时期，它的基本形制为上有盘，下为圈足，中间有柄握，大多数有盖。长握的称为"校"，握下圈足称为"镫"，也有的铜器似豆形，其铭文自命名为"铺"、"甫"等，这些都是豆的别名。

商代晚期的青铜豆，上部为圆体状盘，下部为筒形高足，无盖。西周的豆，盘腹浅，直壁，平底，柄高且粗，多数无盖，无耳。春秋时豆开始增多，变为高柄，带盖，盖上有纽，有的腹侧为环形耳，这时还出现了方形豆，战国时期青铜豆变为深腹，腹侧为环形耳，盖上有圆形握或长纽，可以仰置，柄部细长，下有圈足。如盖器合之，多为圆形。总之，青铜豆无盖者早，有盖者晚；腹浅为早，腹深为晚；短柄为早，长柄为晚。

蟠螭纹镂空方豆

年　代　战国早期
规　格　高27.5厘米
参考价　人民币50万～60万元

实例六

蟠虺纹方壶（二件）

2007年7月，在北京的一位朋友家中，我见到了这对青铜方壶，因是水坑器，他找了很多人看过，都说是新仿品。他让我看的目的，就是想知道它的真伪。

此壶不用细看，一眼便可认定为真品，但为了尊重主人，也不想让人觉得草率了事，我还是拿在手中，反复看了好几次，才对他讲："此对壶是真品，战国早期的，为什么有人说此壶是仿品，原因是北方人看水坑器的不多，能看懂的更少。他们对于北方出土的土坑器比较了解，浑身的红斑绿锈，光看锈就知道有无人工作旧的痕迹了，而水坑器则不同，它没有那么多的锈层，锈层单一，有的根本就没有红斑绿锈，辅助鉴定的依据没有了，再加上对水坑器少有研究，当然就看不懂了。不懂就说不懂还是好的，有的人心里知道自己不懂，但话从嘴中说出来，就成了两个字'假的'，要说不懂那多丢面子啊！说假和仿的，是最保险的了，但你要问他假在哪里，十有八九的人会告诉你：'看着就假，感觉就不对'。其实，他们心里没底，根本就说不出理由，原因只有一个，见得太少。"

朋友见我说的结论这么肯定，又问了一句："您怎么认为它们是真品呢？"我又长篇大论讲了一通，最后我告诉他："其实收藏古铜器，无论

蟠螭纹方壶（二件）

年　代　战国早期
规　格　高 38.5 厘米
参考价　人民币 120 万～150 万元

是土坑器，还是水坑器，也就是北方、南方的都要了解，南方的水坑器你如果看得多了，有所了解，再看北方的土坑器，能收到事半功倍的效果。总之，一句话，要见多识广，如果要找专家给你鉴定，最好找有实战经验的，不要追名头。"

藏品档案

方壶始于商代，汉代称为"钫"，往往成对出土。此对壶通高38.5厘米，方形，宽腹，矮圈足。盖上为四凤鸟形纽，动感强烈。两肩为铺首衔环耳。整体比例低而庞大。腹部每面为四排纹饰，与盖上同为蟠虺纹，即许多相互缠绕小蛇状的动物形，组成网状花纹。粗端作雷纹盘旋，细端作突起的尖锐状，排列形式整齐，工艺精美，线条委婉流畅。此种纹饰盛行于春秋晚期至战国时期，为陶范法铸造工艺中的单元纹饰范拼兑技术。这是春秋中期以后才开始采用，具有划时代意义的纹饰技术，它脱离了大量手工制作纹饰的复杂程序，提高了制作效率，并使纹饰得到了高度统一。这种技术是在制模时先制作一个完整的单元纹饰块，然后再复制成若干块，将这出自同一纹饰模的纹饰范进行拼兑，组成横向或纵向的纹饰带。在每一个单元纹饰块之间，可见不规整的范缝。由于采用了单元纹饰范拼兑技术，极大地提高了工效，因此在春秋中期以后，此种技术得到了大量应用。

此对青铜方壶因是水坑器，无中原出土铜器上那些红斑绿锈层，而只有器表有一层黑灰色锈层，这是因为铸造纹饰如此精美的青铜器，在当时的条件下，肯定要加大铅的含量，以增加液态青铜的流动性，由于铅含量增多，才产生我们现在看到的这种锈色，这也是春秋战国时期水坑青铜器普遍存在的锈蚀现象。细察锈体，局部有

返铜（泛铜）现象，通体锈层自然、牢固。盖口与腹部见有明显的垫片，此对青铜方壶未见现代制作痕迹，应为湖北一带出土的战国早期青铜器。成对保存至今尤为难得。

鉴定常识

壶，指盛酒之壶。青铜壶始于商代，仿自陶壶，而陶壶则仿自天然瓜瓢，自汉代以后仍在沿用。因时间跨度长，故形式变化大而复杂。其主要有圆壶、方壶、扁壶等造型，以盖、耳、腹、圈足为基本组成形制，有的还带有提梁。

战国青铜器

铺首衔环方壶

年　代　战国中期
规　格　高 46.8 厘米
参考价　人民币 40 万～50 万元

实例七

鎏金蟠螭纹链壶

2007年1月，江苏省徐州市一位先生带来一件青铜器到北京中博雅文物鉴定中心，请我帮他鉴定一下年代。

这位先生说："此壶原来是一对，另一件没有盖，已经转让给别人了，现在只有这一件让我给买回来了。我看东西没问题，就是搞不懂是战国的还是汉代的，请您给看一看。"

我认真地察看了一遍后，告诉他："此壶是战国早期青铜壶。根据有两点：一是汉代壶比战国时期壶口侈，腹大下垂，圈足高；二是战国时期壶铺首近似正方形，而汉代壶铺首呈扁长方形。"

我接着又对他说："像这样的圆壶、方壶，多为成对组成。大小也不一样，这壶算是比较大的，是南方出土的水坑器，尤其是此器通体鎏金，非常少见，虽说现在只有一件了，还是有很高的收藏与研究价值。"

藏品档案

此壶高48.5厘米，隆盖，盖上置三个兽形环纽，直颈，圆鼓腹，高圈足，肩两侧饰兽面衔环耳，盖顶一纽与一环耳以活络链条连接。

鎏金蟠虺纹链壶

年　代　战国早期
规　格　高 48.5 厘米
参考价　人民币 60 万～80 万元

盖顶与腹部饰六组细密的蟠虺纹（又称兽体卷曲纹，由许多小蛇状的动物互相缠绕，构成"C"形和"S"形的图案，是春秋战国时期呈网状花纹的典型代表）。通体鎏金，局部有剥落现象。铸造精细，范线和垫片清晰明显，鉴定为战国早期楚国青铜圆壶，甚为少见，有很高的艺术研究与收藏价值。

蟠虺纹铺首衔环壶

年　代	战国早期
规　格	高 47.5 厘米
参考价	人民币 50 万～60 万元

蟠虺纹链壶

年　代	战国中期
规　格	高 28.6 厘米
参考价	人民币 40 万～50 万元

实例八

蟠虺纹扁壶

战国青铜器

2007年12月2日，在北京中博雅文物鉴定中心，一位从山西省来的先生，拿来一件青铜扁壶。这位先生和其他来鉴定的人不同，他非常有自信，认为东西是真的，只是想从专家这儿得到一份鉴定证书。

这位先生说："我今天带来一件铜器，您给看看，东西没有问题，能否给开一个鉴定证书。"我说："先看看东西真伪吧，如果是对的，开证书没问题，如果是仿品，就不能开了。"他说："行，我开证书的目的，是给我家人看的。因为我搞收藏花了不少钱，家里大人孩子都有意见，认为我买的可能是假货，花钱买上当。如果有证书证明是真的，他们也许就不埋怨我了。"

我笑了笑说："那也未必，您搞收藏，只是一种爱好，千万不要在家里引起不愉快。买东西要量力而为，更何况现在伪品满天飞，稍不留神就会买到假货，家里人担心不是没有道理。再告诉您一个化解矛盾的诀窍，就是以藏养藏，不光是买，适当的时候也要卖一部分，您可以试试看。"

因为东西确实为战国时期的青铜扁壶，所以我给他开了证书。最后我对他说，希望他能处理好家中因收藏而引起的不快，毕竟收藏的目的也是为了颐养身心。

蟠螭纹扁壶

年　代　战国中期
规　格　高 28.5 厘米
参考价　人民币 50 万～60 万元

❁ 藏品档案

此壶高 28.5 厘米,小口短颈,上有盖,扁椭圆体,深腹,长方圈足,肩两侧置铺首衔环耳。腹部长方格界栏内,饰蟠虺纹。由于采用了陶范法铸造工艺中的单元纹饰范拼兑技术,在每一个单元纹饰区内,可见有纵横交错的范缝,这些范缝只存在于纹饰区内,与上下左右的界栏都不贯通。这说明是只做了一个小小的单元纹饰模,而用于大批纹饰的制作。这与西周以前在每块范面上压塑纹饰技术相比,无疑是一场极大的技术进步,无论是从技术上的难度和工时的消耗上来说,都具有商周的纹饰技术无法达到的高生产效率。

此器工艺精细,整体锈层自然、牢固,局部有不易除掉的土沁。青铜扁壶往往失去上盖,但难得的是这件保存得非常完整,还保存有盖。其应为战国中期青铜扁壶之典型器,是一件极为珍贵的盛酒器。

青铜扁壶

年　代　战国中期
规　格　高 42 厘米
参考价　人民币 40 万～50 万元

鉴定常识

春秋战国时期的青铜器，在铸造工艺上比商周时代有了较大的发展变化，有的工艺在原有的基础上进行了革新。

春秋中期以后发明的拍印法模印花纹技术，是一项重大的技术革新。它是用事先刻好花纹的陶质或木质的拍子，在范模上拍打出连续的花纹，组成若干组反复和连续的图案，细密严谨，多为蟠螭纹和蟠虺纹。以网状细密的图案饰在器身上，工整完美，既节约了人力，也提高了生产效率。

我们按着古代范铸青铜逻辑去观察、思考，比对着实物去鉴别真伪，可以获得意想不到的结果。探索青铜制造工艺是一件既能学到知识又非常有趣的事情。

错银扁壶

年　代　战国中期
规　格　高33厘米
参考价　人民币60万～80万元

实例九

错金龙纹提梁盉

2009年10月,在辽宁省大连市鉴定会之余,我去逛古玩城。在一古玩店中我见到一件青铜盉,从造型、工艺等来看,均有代表性。在和店主丁先生的交谈中,得知此盉为早年收购而来,因店中主要经营瓷器,铜器比较少,作为私人藏品,只是展示一下。展示的目的,就是让大家来评判一下此器的真伪。丁先生说:"有人看过后,认为上面错金的纹饰,可能是后人做上去的,今天您来了,麻烦给看看。"

我仔细看过后,告诉他:"此器错金纹饰,不是后人所做,理由有两点,第一,纹饰流畅,工艺精细,极细微的地方也制作得非常严谨;第二,整体锈层为自然形成,包浆浑厚,未见人工作伪痕迹。而后错的纹饰呆板,槽口处可见缝隙,因为在真器上开槽错金,必定要破坏原有的锈层,做好后还要做假锈,而此器没有,所以断定此器整体为战国早期所做的。您可以按我说的,再仔细看看这件盉。"丁先生说:"不用看,我早就看过了,正像您所说的。只是有人提出不同的看法,我解释不了,今天听您所说,还是有道理的。"我说:"其实古玩鉴定有时并不难,有不同的观点很正常,我说此器是战国的,当年制作时我也没看见,谁能活两千多年?但是你要说出对或错的理由,要说之有理,执之有据。这就需要有大量实践积累的经验。这就需要我们平时多看,多记,用心揣摩,才能得出一个比较正确的结论。"

战国青铜器

藏品档案

此盉高23厘米,器身呈扁圆形,盉嘴为立体的龙首,颈饰鳞纹,提梁为龙形,龙首浮雕在前端,腹后端有棱脊,覆盘式顶盖,三足为兽首蹄状足。颈至腹部以错金工艺饰三周变形龙纹,中间以弦纹为隔,纹饰精细、生动、细巧。通体为绿、褐色锈层,包浆浑厚,此盉造型优美,是春秋战国时期长江下游诸国青铜盉的通制,为战国早期青铜盉的典型器型,具有高度的艺术性和收藏价值。

错金龙纹提梁盉
年　代　战国早期
规　格　高23厘米
参考价　人民币80万~100万元

提梁盉
年　代　战国早期
规　格　高23.5厘米
参考价　人民币40万~50万元

实例十

异形戈

2007年5月15日，有一位先生拿来一件青铜兵器需要鉴定，此器为战国青铜戈，造型别致，甚为少见。

据这位先生讲，此器为家传，曾找人看过，真伪说法不一，今天拿来请我看看，是不是真品，能值多少钱。我告诉他："此戈是战国时期的，形制比较少见，有收藏价值，具体值多少钱，我也只能说一个参考价，最后还是市场说了算，目前在民间交流，价格应在五万元左右。"他一听，感到很意外，说："这么个东西能值五万元？前年有人出价一万元，我差点卖了。在我心中，它就算是真品也就值几千元钱。因为有人出了一万元要买走，我心中倒没底了，才到处找人看。没想到还有人说是仿品，不值钱，到底怎么回事，我也弄不懂了，这才来找您。"

这种事我见得多了，有些人家中存有古物不假，但他们不是搞收藏的，最关心的是能卖多少钱，上哪儿卖去。我只好耐心地跟他讲："别人说真说假，我不管，我可以告诉你，这件铜戈是真品，想卖的话，只能在民间进行，国家有政策，青铜器不能上市流通。我劝你还是先留着，等有机会再转让出去，古玩这东西，不是你想卖了马上就能卖出去，十次有九次你成交不了，先等等再说吧。"

他表示赞同我的说法，说："行，我先放着吧，不再找人看了，等机会再说吧。"

战国青铜器

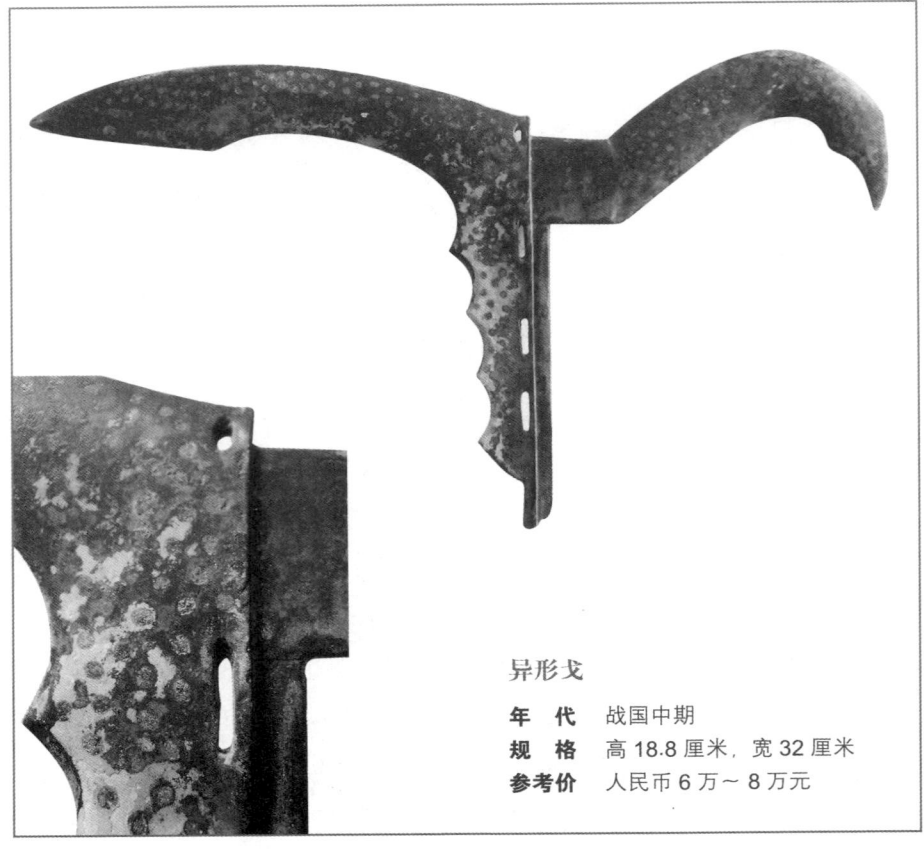

异形戈

年　代　战国中期
规　格　高 18.8 厘米，宽 32 厘米
参考价　人民币 6 万～8 万元

🐏 藏品档案

　　此戈高为 18.8 厘米，宽 32 厘米，整体合铸。援上扬，胡部为连弧形，上有四穿，内末端有一钩形向上弯曲似爪距。通体两面均有不规则圆形银亮色的斑点，亮丽美观。援、胡和爪形内的刃部锋利异常。这是一件非常奇特的异形戈，尤其是发银亮色的斑点，在有的戈上呈墨绿色，这都是因氧化和腐蚀的条件不同所致的。这些银亮色斑经分析是低铜、高锡、高铅的合金。它是按照不同的设计

形状，先固定在范上，然后一次浇铸而成。这种表面合金化技术制成的器物，甚为少见。此戈通体为亮黑灰色锈层，局部有浅灰色、绿色锈层，为出土水坑器，包浆浑厚，保存完好，为战国中期巴蜀地区青铜戈，有较高的历史研究与收藏价值。

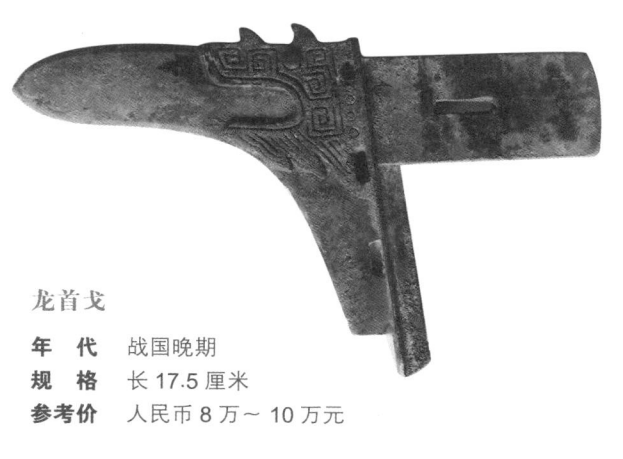

龙首戈

年　代　战国晚期
规　格　长 17.5 厘米
参考价　人民币 8 万～10 万元

兽面纹戈

年　代　战国早期
规　格　长 21.5 厘米
参考价　人民币 10 万～15 万元

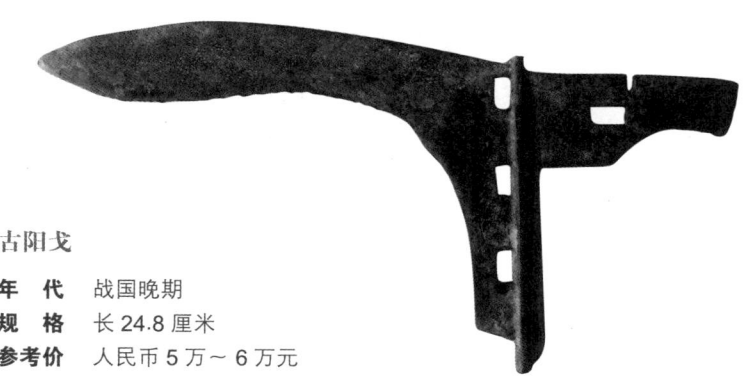

古阳戈

年　代　战国晚期
规　格　长 24.8 厘米
参考价　人民币 5 万～6 万元

实例十一

越王朱勾剑

2009年4月中旬，北京的收藏家张先生，拿来一把青铜剑要鉴定一下真伪。此剑保存得极好，带鞘带缑，刃部锋利异常，格部铸有铭文。因那天鉴定的人较多，我没有细看铭文，只对他说此剑是战国时期的真品，铭文是鸟虫篆体，一时也不好辨识。张先生听我说是真品，也没再问什么就走了。

时隔半年，一位银川市收藏界的朋友，托我找一把古代青铜剑，我当时想到了张先生，即打电话问他能否割爱，出让这把剑，张先生听后很爽快地说："青铜剑我收了几把，既然是您的朋友喜爱剑，就把带鞘的那把剑原价转让给他吧。"第二天，张先生将剑拿来，原价转让给了银川市的那位朋友，因剑上有铭文，他让我给解释一下是什么字。我说："这是古代鸟篆体文字，一时不好认，能否将剑放在我这儿，有时间研究一下？"他随即将剑留在我处。

说实话，剑格上的那些铭文，因是鸟篆体，极难辨认，但我又不甘心认不出来，几天下来，只认出了一面的四个字："自作用剑"，另一面还是辨识不了。这几个铭文，都成了我的心病了，连觉都睡不踏实，老是在琢磨，这是什么字呢？我半夜睡不着，索性起来，找了几本古文字典，耐心

地查下去。"越"字,"王"字,与古文字典无误,此时心跳加剧,难道是越王勾践吗?不对,字体截然不同,反复对比,继续查看,最后查出是"朱勾"二字,再查,朱勾是越王勾践的曾孙。至此,剑格上的鸟篆体铭文为"越王朱勾自作用剑"八个字,夜深人静,这把剑静静地躺在我的面前,仿佛在炫耀自己的身份。我心中激动不已,要知道越王朱勾剑至今也只发现了不足十件,此剑明确记载为越王朱勾用剑,当为稀世珍宝,能在我手中发现,真是一生的幸运。

第二天,我把铭文内容告诉了张先生,我想他一定特后悔,没想到他很平静地说:"当时这把剑在我手上,并不知道是谁的剑,您当时也没认出上面的字,现在知道了,也转让出去了,看您

战国青铜器

越王朱勾剑

年　代　战国早期
规　格　长63.3厘米,剑身宽4.8厘米
参考价　无

的面子，而且是原价转让的，说明此剑与我无缘，命中注定是人家的，没什么可惜的，能在我手中收藏了一段时间,我很满足了。"张先生信奉佛教，讲究缘分，收藏是他的一大爱好，但他这种平和的心态，还是我意想不到的。

藏品档案

　　此剑通长63.3厘米，剑身宽4.8厘米，呈暗黄色，光泽沉稳悦目，剑刃锋利异常，中脊隆起，剑柄上缠绕有绳缑，紧密牢固。剑首部有十一道同心圆圈，更为难得的是带有漆鞘，为两片杉木合成，外髹黑漆，明亮照人，靠近鞘口处一面有脊，一面平。像这样保存有剑鞘和缠缑的青铜剑，极为少见。剑格两面均铸有鸟虫篆体铭文，为春秋战国时期吴越地区常用的文字。这种文字盘旋曲折，是篆书的变体，实际上就是一种美术装饰字，不易辨认。此剑格正背两面皆有铭文，以中脊为界，分为左右两半，两边铭文皆同，而走向相反，均为铸体阳文，字体优美，灵秀流畅。

凸脊剑

年　代	战国早期
规　格	长54厘米
参考价	人民币15万～20万元

剑格正面铭文为"越王州句";剑格背面铭文为"自乍（作）用僉（剑）"。

越王翁（？～公元前411年），别名"州勾"或"朱勾"（古代"朱""州"音近通假），是战国时期越国的君主，越王不寿之太子，越王勾践之曾孙，在位时间是公元前447年～公元前411年。朱勾是越王勾践之后国势最强、武功最为显赫的君主，当年中原诸侯以齐、晋、楚、越四国为最强。

此剑历经两千多年，还能保存得完整如新，锋刃锐利，铸造工艺之精良超绝，艺术水平之冠盖天下，使人一睹越国兵器之风采，极显王家气派，为战国早期越王朱勾所用之剑，是青铜剑之珍品，世所罕见，堪称稀世之宝。

鉴定常识

这种带有铭文格的青铜剑制作工艺，采用了分型嵌范的技术，即春秋中期以后才有的单元纹饰范拼兑技术。在春秋战国时期，大量铸造了这种带有纹饰格或铭文格的青铜剑。

在此剑的剑身上，还可以看到不规则的密如羽状或指纹状的花纹，这是在当时范铸工艺留下的痕迹上，又精心进行叠压锻造而形成的纹理，为现代仿品所做不到的。

战国青铜器

薄格剑

年　代　战国早期
规　格　长54厘米
参考价　人民币15万～20万元

错银云纹戟

2009年5月16日，北京的张先生拿来一件青铜兵器说："有人给我拿来这件东西，我非常看好，但因它太新了，恐怕是仿品，所以犹豫不决，今天拿来请你给看看。"

此器在兵器中属形制较大的一类，保存得非常完好，确是如新做的一般，但经鉴定此器为战国中期青铜戟，为湖北省出土的水坑器，造型极为罕见。

我告诉张先生："真品表面不一定很旧，而仿品往往是把器表做得很旧，有的还脏兮兮的。真伪的区别不在于表面的新旧，而在于它有无人工作旧痕迹和时代特征。尤其是青铜器，水坑和土坑的器表就不一样，水坑器的外表很漂亮，没有那么多锈层，看上去如新的一样，因此有很多人不敢收藏水坑器。此戟非常罕见，价位如果合适，我建议你收藏。"张先生说："只要东西是真品，我肯定要，这东西真是太美了，简直让人不敢相信是真的，听您这么一说，我回去同人家谈一下价钱。"

晚上，张先生给我回了一个电话，说："东西我收了，在价钱上费了很大劲，最后还是要了。我刚还查阅了一下资料，这种戟真是很少见，看来还是捡了个便宜。"

错银云纹戟

年　代	战国中期
规　格	长 42.2 厘米
参考价	人民币 15 万～20 万元

🌀 藏品档案

　　此戟长 42.2 厘米，长刺，上有脊，长援微弧，锋成三角形，短胡，胡部有二利齿，上有三穿，内作尖钩形。曲内有锋刃，在援与内相交处错银饰云纹，整体合铸，精细美观，工艺精湛。整体为暗黄色（泛金）锈层，局部为黑灰色锈层，鉴定为战国中期青铜戟，甚为罕见，是研究中国古代兵器史的重要实物资料。

鉴定常识

戟为古代兵器,《说文解字》:"戟,有枝兵也。"它是矛与戈的合体兵器,即在戈的顶端装上矛,形状像十字架。这时矛的部分称为刺,既可用于钩击,也可用以刺杀,兼有钩、刺两种作用,是当时较为进步的一种武器。战国时常用"持戟之士"一词来说明雄兵之盛。戟常装在竹或木柄上。过去认为戟始于西周,1972年在河北藁城商代遗址中发现了一件青铜戈、矛联装戟,可见在商代晚期就已使用戟了,只是很少。在商周时戟的数量不多,为戈矛合铸,即全器通过一次浇铸而成。春秋战国时期,戟的数量大增,形式也比较多样化,有整体合铸,也有联体合装的。青铜戟有时也起着仪仗的作用。

异形戟

年　代　战国中期
规　格　长47.3厘米
参考价　人民币15万~20万元

异形戟

年　代　战国晚期
规　格　长27厘米
参考价　人民币10万~15万元

实例十三

错金银嵌绿松石带钩

2009年5月,北京的一位收藏铜器的桂先生,拿来几件青铜带钩,说:"最近我收了几件带钩,我看不错,今天拿来你也看看。"看过之后,我说:"最近带钩也不好收藏了,价位也高上去了,不似前些年还能见到精品。你现在能收到这几件不错的,已经很不容易了,好好留着吧。"

这几件带钩都是战国时期的,尤其其中一件错金银的很是精美,比较少见,特以记之。

藏品档案

此带钩长26厘米,琴面形状,龙首形钩首,背面靠后为一平面柱形纽。以错金银工艺饰勾云纹和几何纹,局部嵌有绿松石,工艺精湛,所嵌金银片、丝槽口严密,纹饰流畅,精美华丽,锈层为墨绿、暗红色泽,古朴典雅,保存完好,鉴定为战国中期青铜带钩之精品。

鉴定常识

带钩,系古人扣拢腰带之钩,最初为北方草原民族使用,春秋时传入中原,盛行于战国至汉代,南北朝以后用带扣,宋代以后多

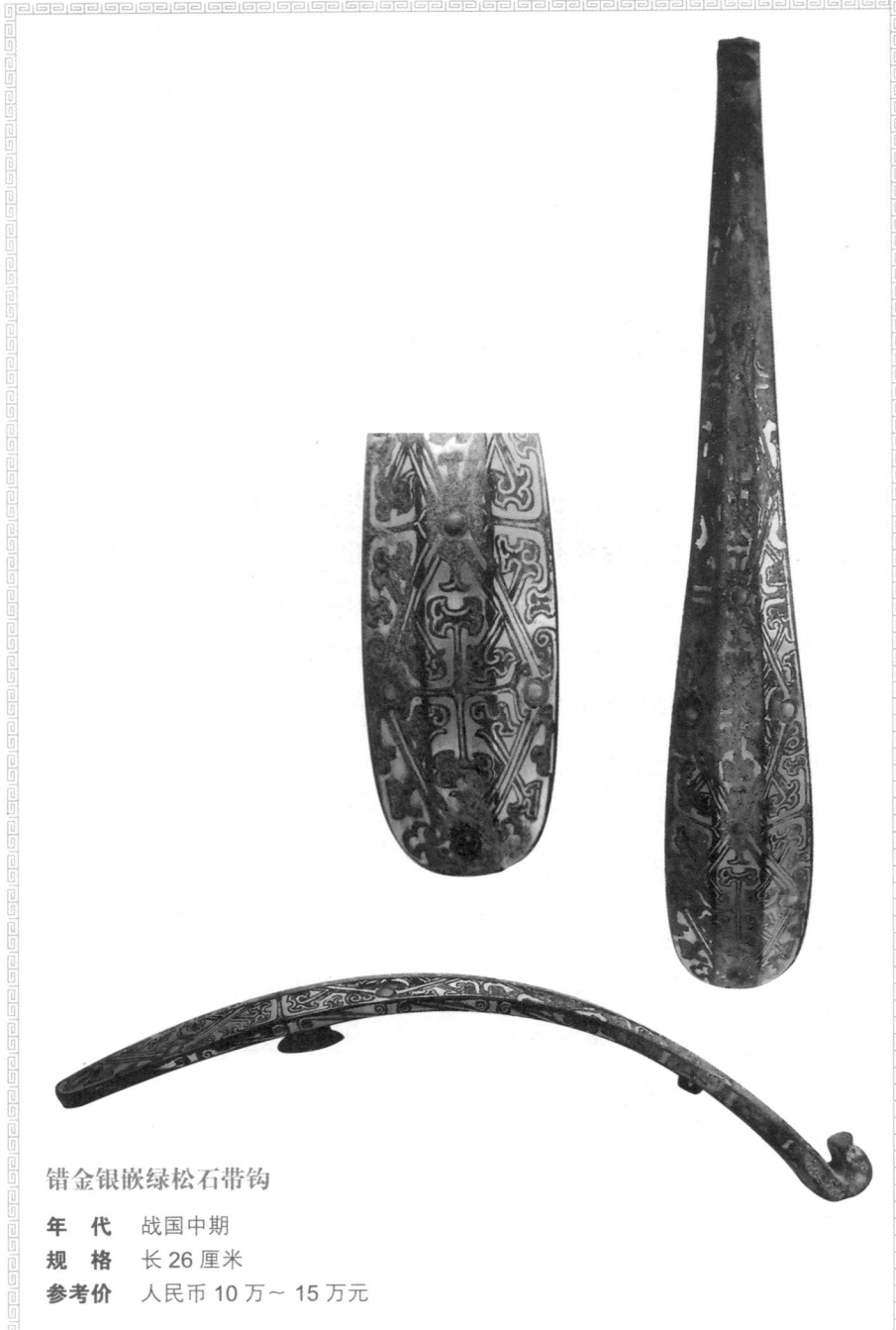

错金银嵌绿松石带钩

年　代　战国中期
规　格　长26厘米
参考价　人民币10万～15万元

用玉制。其基本形制为下端有柱纽钉于皮带的一头，上端曲首作钩状，钩首多为鸟、兽头形，用以钩挂皮带的另一头，中间为钩体，通体侧视为"S"形，背面均有纽。带钩常见有竹节、琴面、圆形、兽形等形状，以鎏金、错金银、镶绿松石等工艺进行装饰。

战国带钩与汉代带钩之区别有以下几点：

1. 战国带钩背面的纽靠后，呈平钉状；汉代纽居中，呈菌状，时代越晚，纽越靠近钩首。

2. 带钩正面嵌绿松石的多为战国的；嵌金银的多为战国中期至汉代的。

3. 战国带钩钩首角度大；汉代钩首角度小，侧视与钩面似平行。

错金带钩

年　代　战国中期
规　格　长 25 厘米
参考价　人民币 8 万～10 万元

螭虎纹带钩（正面）

年　代　战国晚期
规　格　长 16 厘米
参考价　人民币 6 万～8 万元

实例十四

鸟形灯

2009年10月，我在内蒙古自治区通辽市搞古玩鉴定，在现场，有一对夫妇拿来一件青铜灯，要求鉴定一下真伪。

我看过后告诉他们："此灯是战国晚期的青铜灯，虽说战汉时期铜灯时有所见，但此灯造型别致，保存完整，比较少见。"他们问我能值多少钱。我说："看来你们不是搞收藏的，也不知花了多少钱买的……"我还没有说完，他们打断了我的话："您说对了，我们不是搞收藏的，最近看电视，觉得艺术品投资能赚钱，就通过朋友介绍买了这件东西，当时花了不少钱呢。既然您说是战国时期的，那到底能卖多少钱？"

看来他们只关心价钱了，说别的也听不进去，我只好说："价钱不好说，因青铜器不能上市流通，只能在私下交流，但我说一价位可以供你们参考，最低能值10万元。"听完，他们有些失望，认为我说的太低，比他们心中的价位差远了。我劝他们理性一些，对他们说："艺术品投资风险很大，别听别人忽悠，一般的器物也敢说个天价。不是东西老就值钱，还应看它的艺术性，有艺术性的才有经济价值，此器还算不错，艺术性很强，我才说了这个价位，幸亏这是件真品，如果是仿品，你们的损失就大了，光想着它能值多少钱不行，心态要平和。如果要投资，不是搞收藏，我劝你们

鸟形灯

年　代　战国晚期
规　格　高 23.5 厘米，口直径 19.3 厘米
参考价　人民币 15 万～20 万元

干点别的，因为你们不具备鉴别真伪的实力，将来肯定要吃亏的。"他们茫然地看着我，默默不语地离开了。

　　他们走了，我心中倒不平静了。现在有多少人在投资艺术品？这些投资者都抱着一个发财梦，名义上是搞收藏，实际上想一夜暴富，难道就没有想过万一一夜倾家荡产怎么办？有人认为投资古玩比任何领域都赚钱，因为电视上报道的，拍卖行拍出的古玩，好多都是几十、上百、上千万元。

在媒体的宣传下，有很多人就冲着这个"钱"字，满世界找官窑瓷器，名人书画，但又不具备眼力。你说能不出问题吗？

藏品档案

此灯高23.5厘米，口直径19.3厘米，銎为鸟形，形象生动，口衔灯沿，构思新奇。口沿下饰龙纹，高柄，底座以镂空技法饰纹饰，柄上有一行四字铭文，因锈层所盖，内容有待研究。整体造型秀美精妙，动静结合，艺术性极强。局部有翠绿色锈，保存完好，鉴定为战国晚期鸟形灯，甚为少见，是实用工艺品之精品，有很高的艺术与收藏价值。

鉴定常识

灯为照明用具，青铜灯目前发现最早的为战国中期所制，秦汉时期广为流行。其种类很多，主要为三大类：

1. 高座灯，上有浅圆盘，盘内有钎，插烛或盛油所用，中为柱，以便执掌，下面是灯座，以便放稳；

2. 行灯，浅圆灯盘，直口平底，盘下有三矮足，盘侧有执柄，多用于夜间导行；

3. 艺术造型灯，工艺考究，多为达官贵族所用，常见的有鸟形、兽形、人形、树形等。

唐代以后，铜灯与瓷、玉、玻璃等质地灯并存，直到清代，玻璃灯取代了铜灯。

汉代青铜器

西汉时期的青铜器基本上都是素面。其鼎主要还是沿袭秦代的风格，但三足更加矮小。壶有大小两种，大型壶腹下部略呈收缩状，腹部更加圆鼓；小型壶的腹部显得比较瘦长，常常铸造出变形螭纹。扁壶、蒜头壶、铜钫此时非常流行，有的做工很讲究，腹部镶嵌有绿松石的三角云纹。蒜头壶继续流行，灯具中，高灯很常见，豆式熏炉盛行，带钩呈琵琶形、棒形、琴形，比较讲究的做成鎏金、镶玉或绿松石，等等。

西汉中期至东汉早期，也就是西汉武帝至东汉章帝时期，是汉代青铜器最发达的时期，也是汉代青铜器新风格形成的时期，这时最常见的青铜器是鼎、壶、洗、甗、尊、盘、灯、耳杯、带钩、铜镜等。此期最新设计的式样主要是灯和炉，灯在战国时期就出现了，但是在汉代才流行起来，此时灯的式样很多，较普遍的有圆盘，盘内有钎，盘下有柱，柱下有圈足；盘用来盛油和插烛。另一种灯叫做"行灯"，圆盘边有把可执，盘下有三足，青铜灯中最富感染力的是那些铸成人形、兽形、树形的艺术造型灯。此期盛行的博山炉，是一种焚香的器具，一般炉体呈圆形，体下有高足，炉盖均高而尖，雕刻成山峦形，其上有人物、走兽，象征海上仙山"博山"，所以命名为"博山炉"。

其实，这一时期的装饰工艺最为突出。鎏金和错金银技术的应用更加成熟，使用也更加普遍。这时期北方的铜器主要有三种题材，一是仍以动物浮雕和透雕为主，出现了马、驴、伏卧状绵羊等形象；二是人物活动图形，这类题材有双人角斗、骑马捉俘、骑马出征等图形，还有武士车骑图等；第三种是搏斗或撕咬图形，这类题材包括双马互斗、犬马互斗、犬鹰互斗、鹰虎相斗、鹰袭击鹿、双龙纠结等。总体来说，这一时期的动物纹构图复杂，设计奇巧，把动物的活动表现得栩栩如生，刻画出了伏卧、伫立、栖息、奔跑、惊吓、争夺猎物、互相撕斗等多方面的动物生活图景。

到了东汉晚期，青铜器又有了许多变化。此期的特点是器壁比以前薄，错金银技术在铜器装饰中几乎消失，鎏金还很多，并且在鎏金器上也出现了细线阴刻花纹。使用的青铜器有钟、扁壶、盆、釜、博山炉、耳杯、尊、带钩、铜镜、印玺等。

当时铸造出的铜器都无纪年铭文，只是以不同姓氏来做标注，由此可以推测，当时的铸铜业属于私人手工业。因为商业往来和政务事件越来越多，此时使用印玺比较频繁，因而印玺的青铜铸品也很多。战国时期，官私印都可以称为玺，而秦始皇时期只有皇帝印可以称为玺，一般人的都称为印。古代印多有纽，印纽形式很多，有鼻纽、瓦纽、兽纽等。

最后来看看汉代的铭文，这是有助于我们了解汉代文字和文化的直接资料。通过观察，我们可以认识汉代金文字体风格的变化，刻款、铸铭的线条形态以及与同一时期的印玺、刻石、陶文、简文等各种不同的风格。此期汉代铭文的风格主

汉代青铜器

要有两点,一是汉代金文内容还是沿袭战国时期的,"物勤工名"仍被使用,纪年铭文有宫廷纪年和王国纪年两种,所记时间多是制作时间和铭刻时间,当时铜器多是批量生产、成批使用的,所以常铸有数字编号、天干编号。二是文字风格的简化,简化字主要有五种,分别是省略笔画或偏旁、整体简化、借笔、截笔和草笔。汉代金文通假字很多,有的本字和借字同时出现在一篇金文中。

秦汉以后,铁器、漆器及瓷器逐渐代替了青铜器,青铜时代已经宣告结束,但铜的产量仍然很大,一些青铜日用品如铜镜、货币、铜灯等仍在继续发展,而且取得了辉煌的成就。

实例一

太阳纹铜鼓

2010年初,我在大连一位收藏家的展示厅中,见到了一面青铜鼓。此器形制较大,品相完美,我不由自主地仔细察看起来。

这是一件西汉时期的铜鼓,为云南滇文化的产物。我问主人这件宝物的来历,主人向我介绍说,此铜鼓是他在国外出差时见到的,当时就毫不犹豫地买下来带回国了,因为这件铜器给他的第一感觉就是——太精美了。

看得出来,主人对能够拥有这样一件品相、工艺都很出色的铜鼓,感到非常高兴和自豪。我也为他能有这么一件精美的藏品而感到高兴,要知道,在南方鉴定时,偶尔也见到有的藏家有铜鼓,有的尺寸比这件还大,但是与这件铜鼓相比,品相都较差,工艺也远不如这件精湛。

可以毫不夸张地说,此器应为西汉时期铜鼓之精品,有很高的收藏价值。

汉代青铜器

藏品档案

此铜鼓高44厘米,直径56厘米,形制较大,圆形,平面,中间内凹,中空无底,鼓面边缘置双蝉形纽四个,中心处饰有太阳纹,

太阳纹铜鼓

年　代　西汉时期
规　格　高44厘米，直径56厘米
参考价　人民币150万～200万元

以太阳纹为中心，以圆圈形式饰绳纹、菱形云雷纹，中间夹有一圈铭文。鼓腹与鼓足部分均饰细密的圆圈纹、绳纹、云雷纹，工艺精细，保存极其完好，通体为浅绿色锈层，明亮牢固，鉴定为西汉时期云南滇文化中的铜鼓，是一件极为珍贵的古代艺术品。

鉴定常识

古代铜鼓的造型基本呈圆墩式，鼓身由三部分组成，自上而下依次为鼓胴（鼓胸），中间为内凹的鼓腰，下为鼓足，中空无底。有的鼓面上铸有太阳纹，有的铸有浮雕或立体形象。在鼓面中心与鼓身上常饰有太阳纹、云雷纹、羽人纹、圆圈纹、锯齿纹等。铜鼓自战国一直延续到清末，时间较长。在不同的时代，不同的地区，有着不同的特征。最早的铜鼓是在跳舞时作为乐器使用的。在祭祀中也使用铜鼓。在战争中使用，可以鼓舞斗志，也是权力的象征。铜鼓作为财富的代表，有"千年一鼓"之说。在四川省、云南省、贵州省、广东省、广西壮族自治区等，均有铜鼓制作，是研究古代滇文化的实物资料。

人物纹铜鼓

年　代　西汉时期
规　格　高 24.5 厘米，直径 33 厘米
参考价　人民币 40 万～50 万元

实例二

鎏金猴形带钩

2007年10月20日，张先生拿来一件带钩要鉴定真伪。他主要是收藏古瓷器，在一次古玩交易中，发现了这件带钩，感觉很特别，出于好奇就收下来了。

看过后，我告诉他："此带钩真是很别致，锈层牢固，鎏金的金层厚实，而且是陶范法所制，是西汉时期的带钩。"我接着讲："过去带钩仿制得不多，近年因为带钩的市场价格上去了，所以仿品也多了起来，但均工艺粗糙低劣，即使是高仿品，在细微处也有破绽，只要用心观察，就能识别真伪。"张先生搞铜器收藏的时间较短，我只能嘱咐他先多看，不要急于买东西。虽然这件带钩是真品，但以后要收藏古铜器，还是谨慎一些为妙。毕竟现在市场上仿品、伪品太多，先练好眼力，再下手不迟，这样可以少交学费，减少自己不必要的损失。

藏品档案

此件带钩长25厘米，造型为攀缘的猿猴状，以一只手伸出握拳为钩形作为钩首，构思巧妙，神态逼真，栩栩如生，动感强烈。比

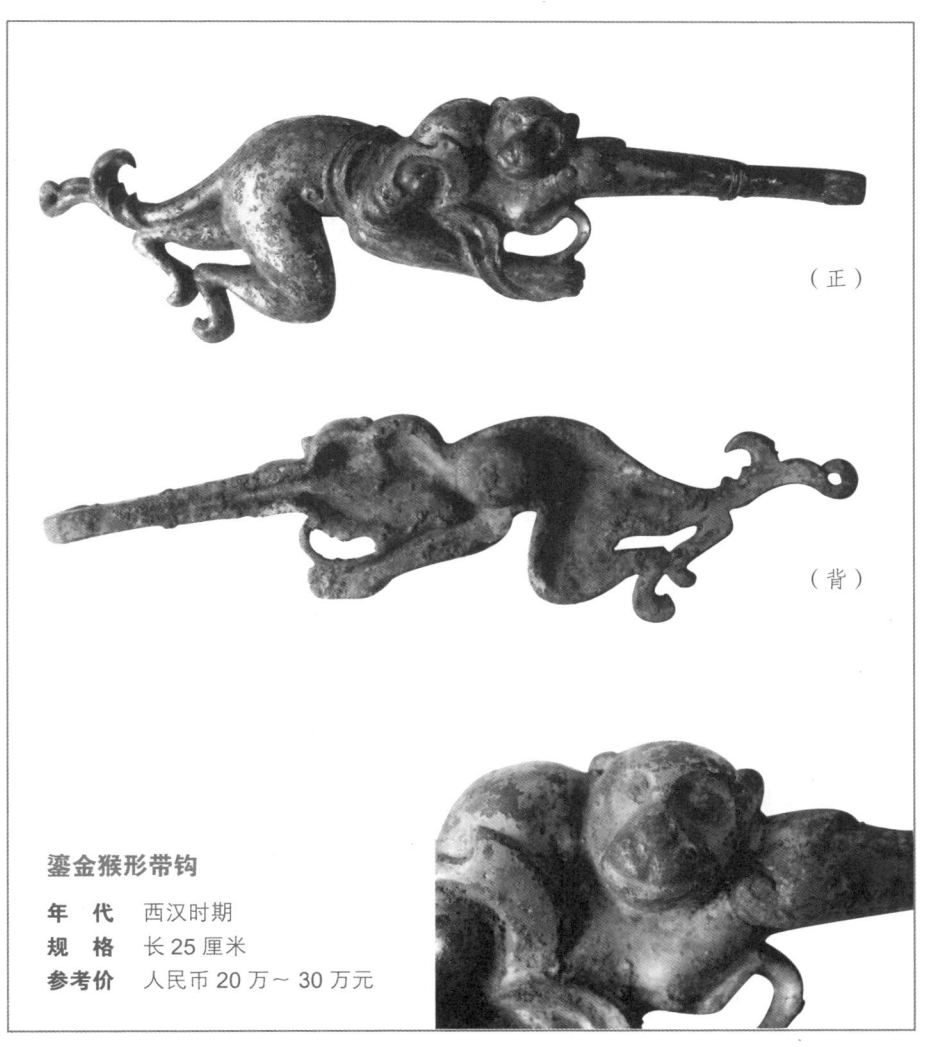

鎏金猴形带钩

年　代	西汉时期
规　格	长 25 厘米
参考价	人民币 20 万～30 万元

例协调，工艺精细，背后正中有一凸顶圆形纽。通体鎏金，金层厚实华丽，局部有绿、红色锈层，坚硬、自然，保存完好。猴形带钩以前也见过，但不似此器大气，而且此器经过鎏金处理，更显得雍容华贵，增加了它的艺术性和美感，不愧为西汉时期青铜带钩之精品。

鎏金带座耳杯

2005年6月，河南省信阳市的两位先生，带来了一件青铜器要鉴定一下。

当他们打开包装盒，里面竟然是一件带托座的西汉青铜耳杯，通体鎏金，甚是少见。我将结果告诉了他们，对方甚感意外，说："这件铜器是从乡下无意间收到的，我们主要是收藏瓷器，上个月碰到了这件铜器，只是感到新奇，以前见过陶制耳杯，还没见过这样造型的铜耳杯，也没花多少钱，就买下来了，听您这么一说，还真捡了个便宜，以后还真要收些青铜器了。"

我笑着对他们说："严格地说，你们算不上是搞收藏的，你们收藏古玩，也是以买卖为主，当然，这也无可非议，希望以后多加以研究，尤其是你刚才说无意间买到了这件铜耳杯，捡了个便宜，这次是你运气好，买了个真的，但以后可要注意，不会经常有这种好事的。另外，再说一下，古代真的东西，尤其是出土的，价钱不一定很高，假的反而很贵，古玩的真伪，不是按价钱的高低去定，而是要看实物本身的特征。今后如要收藏青铜器，劝你们也不要着急买，毕竟市场上假货太多，你们还不具备辨识青铜器真伪的能力，还是要先多看，多实践。"

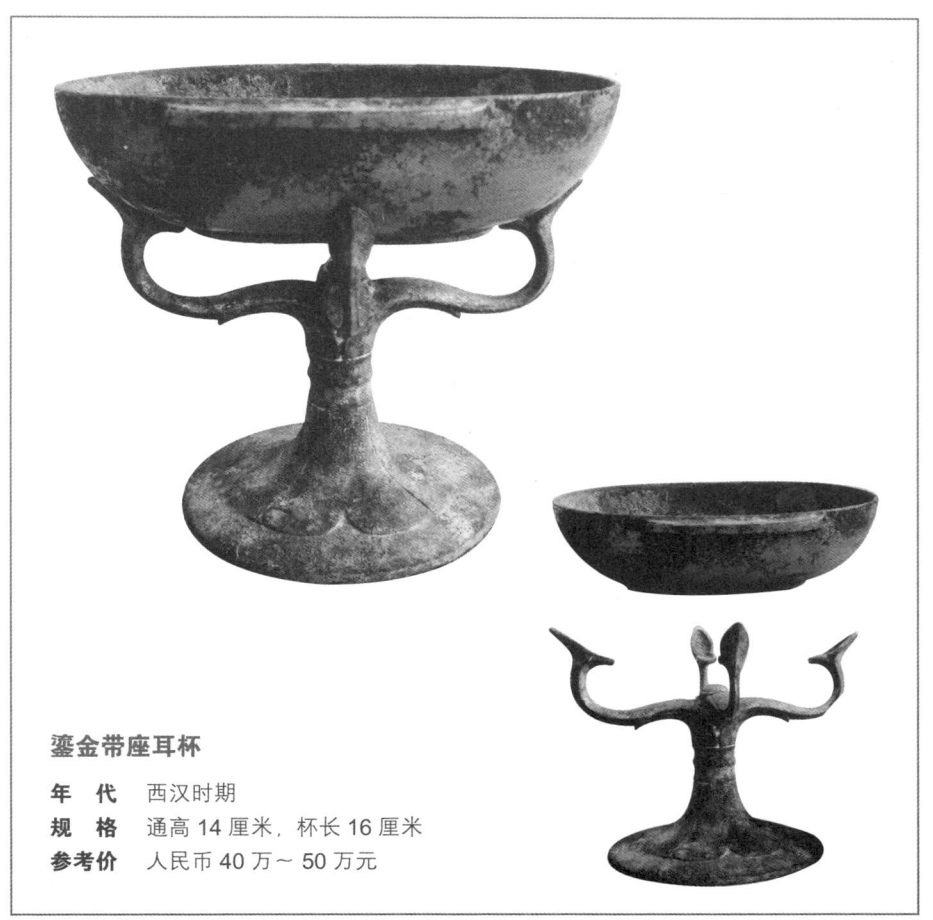

鎏金带座耳杯

年　代　西汉时期
规　格　通高 14 厘米，杯长 16 厘米
参考价　人民币 40 万～50 万元

汉代青铜器

因外面等着鉴定的人较多，他们虽然听得入了神，我也不好继续再说了。他们表示今天没有白来，以后有时间再找我，很高兴地走了。

藏品档案

此件带托耳杯通高 14 厘米，杯身长 16 厘米，由杯和底座组成，通体鎏金，金层厚实，富丽堂皇，局部有自然生成的绿色锈层，耳杯呈椭圆形，两边附有新月形双耳，浅腹，平底，从整体上观察，它又很像鸟形，两耳如同鸟的双翅，所以古代称为"羽觞"、"羽杯"等。底座的造型新颖别致，上端为四肢，对出两肢等长，四肢顶端连线呈菱形，肢端为张嘴鸟喙形，以承托耳杯。中为竹形柱柄，下端为喇叭形圈足，外饰微凸柿蒂纹。将耳杯放置托上，稳健协调，整体显示了一种曲线美。

此器应是当时贵族所用的豪华饮酒器，是将实用与美观相联系，写实与浪漫相结合的一件珍贵艺术品，历经两千年，保存得光亮如新，令人惊叹，实属罕见，为西汉时期青铜器之珍品。

鉴定常识

耳杯是秦汉时期常用的饮酒器，又称"羽觞"，春秋晚期开始出现，盛行于战国、秦汉时期。形制多为椭圆形，口缘两侧各有一个半月形耳。汉代时漆制耳杯较多，铜制的反而很少，带托座的更是罕见。

从春秋战国时开始，诸侯为政，礼崩乐坏，礼乐制度进一步衰退，青铜礼乐器减少，而青铜制作的日常生活用品逐渐增多，西汉王朝建立之后，虽然铜器制作有了新的提高和发展，但生产的成品主要是供宫廷、官府和贵族使用，以日常生活的实用器为主，如耳杯、熏炉、铜镜、灯、带钩等。

现在市场上仿汉代的铜镜最多，其次是带钩和耳杯，但仿品均较低劣，即使有的仿品水平较高，但和真的一比较，马上就能立判真伪，这就需要我们牢记真品的老旧和时代特征，多看实物，多比较，别无其他捷径。

实 例 四

鎏金博山炉

2008年11月,在广西壮族自治区桂林市古玩鉴定会上,一对青年夫妇拿来一件薰炉,说:"我们在古玩店中见到了这件东西,只是看着喜欢,也不知是哪个年代的,想买,但还没付钱。店主说是汉代的,我们也不懂,拿来请您给看看,如是真品,我们就要了。"

细看此炉,通体鎏金,在剥掉的金层下,可见暗红褐色的贴骨锈,生成自然,金层牢固,色泽纯正,黄中泛微红,应为真品。我告诉这对夫妇:"此炉是西汉时期的,店主没有说错,虽然器形小了点儿,但保存完好,如果价位合适,应该买下来。"听我说是西汉的薰炉,他们很高兴,要去古玩店付钱买下来。我忙说:"先不要急着走,你们是因为喜欢才准备要这件东西,这是搞收藏的第一步,也是很可喜的一步。因为你们并不是考虑它能值多少钱才要的,完全凭喜好和兴趣,不像有的人搞收藏关心的是能否卖一大价钱,心态不平和。希望你们以后多学习一下历史和文化方面的知识,搞不懂真伪的东西,多找人看看,就像今天这样,先不要盲目地买,以后有什么问题可以和我联系。"

他们高兴地走了,我想,他们如果一直保持着这种心态,将来肯定能少走弯路,收藏到好的藏品。

鎏金博山炉

年　代	西汉时期
规　格	高 14.7 厘米
参考价	人民币 6 万～8 万元

藏品档案

此炉高 14.7 厘米，由盖、身、柄、盘组成。盖隆起呈尖顶状，上有透雕镂孔，盖上为层峦叠嶂的山峰状。炉身敛口，鼓腹，圈底承圆柱立于盘中央。盘为宽折沿、浅腹、平底，造型小巧别致，通体鎏金，金层厚实，鉴定为西汉时期青铜鎏金博山炉，有较高的收藏价值。

鉴定常识

薰炉，又称博山炉，汉晋时期用以焚香，因盖上常雕刻成峰峦状，故称博山炉。峰与峰之间有许多镂刻小孔，焚香时香烟从孔中喷出，故又称薰炉。其用途为：第一，薰衣，因古时没有香水、香料，在社交活动中，将衣服薰香，不失礼节。第二，书房之用，古人读书做文章，都必焚香，以除室内异味，提神健脑，以免困倦。第三，供祀神佛之用，在朝拜宗庙与神佛时，必焚香薰之，既表示对祖辈或神佛的尊敬、信奉，又改换空气，使人有清香、肃穆之感。

春秋战国之前无薰炉，自西汉中期开始铸薰炉，盛行于东汉至晋代，其造型简单古朴，形式多样，皆有盖，盖上镂孔或炉身置孔，有的通体鎏金，更加富贵华丽。汉代以后的薰炉多是仿古代各种器形铸造的。

青铜器主要纹饰及特征

青 铜 器 主 要 纹 饰 一

兽面纹（饕餮纹）

兽面纹又称饕餮纹。饕餮之名源于《吕氏春秋·先识览》中的记载："周鼎著饕餮，有首无身，食人未咽，害及其身，以言报更也。"在古人的文字记载中，饕餮是四凶之一，它贪吃、强横，可以抵御邪气，同时又可祭祀鬼神，是我国青铜器纹饰中很常见的一种纹饰。凡是作为礼仪之用的铜器，几乎都采用饕餮纹，它是以兽的头部为主的纹饰，实际上它是各种各样动物或幻想中的物象头部正视的图案，自宋代以后在不少著作中都称为"兽面纹"，兽面纹这个名词较饕餮纹更直接、更具体，所以现在大都将饕餮纹称为兽面纹。

兽面纹的基本形象是以牛、羊等动物的正面头部的凶恶形象作为器物的主题纹饰，多以云雷纹为衬地，以鼻梁为中心线，两侧作对称排列，巨睛凝视，大口獠牙，由冠、鼻、目、眉、角、耳、口等组成，也有的缺少其中两三种，但目纹是必备的，无论怎样简化、分解，都少不了那一对瞪视的眼睛。所有的兽面纹基本上都是按这一模式塑造的，只是在表现方法和技巧上，随着时代的发展而有所不同。它配置对称，

⊙ 兽面纹（饕餮纹）

神态庄严,既显示贵族的等级森严、尊贵,也表示对天地、祖辈的虔诚,同时也代表了一种超越的神的境界。青铜器上的兽面纹,还表示祭祀鬼神,有求佑与去邪的双重愿望,它的内容含义复杂、深奥。兽面纹结构合理,风格生动,达到了图案的最高准则,在中国装饰艺术上具有很大的启示作用与成就。它起源于新石器晚期,流行于商周,直至春秋战国时期,基本上覆盖了整个青铜时代。

兽面纹形象众多,如独立兽面纹、连体兽面纹、分解兽面纹、歧尾兽面纹等,这些形象用在商周铜器上为多,至春秋战国时期则是以简化、变形兽面纹为多。

⊙ 兽面纹

⊙ 兽面纹

⊙ 兽面纹

走近青铜

⊙ 各种兽面纹

青铜器主要纹饰二
龙纹

龙纹是由多种动物的特征组成的一种虚构的不断演变的动物纹,其主要原型是蛇类,甚至包括蜥蜴、壁虎和鳄鱼等爬行动物在内。从商代到明清,直到现在,历经数千年,龙纹的变化极大,象征着神秘、深沉、尊严和荣耀。商代的龙纹多卷曲,头部近方形,有柱形角和鳞与四肢,腹粗尾细。西周的龙纹有的互相缠绕,有的头于中间,分出两尾,为一首二身状,也称为交龙纹。春秋战国时期,龙的头部开始变扁,有柱角,四肢渐渐伸长,而龙尾逐渐收缩。汉代的龙纹则出现须、甲和双翼,称为青龙,与白虎、朱雀、玄武合称为四神。

⊙ 龙纹

⊙ 交龙纹

⊙ 爬行龙纹

青铜器主要纹饰 三

夔纹

夔纹又称夔龙纹,《说文解字》中说:"夔,如龙,一足。"青铜器上凡是表现一足的、类似爬行动物的均归之为夔,多表现为侧身、长尾、弯曲如蛇、头上生角、巨目獠牙。其实夔并非是一足的动物,因是传说中的神异动物,与兽面纹一样,也是一种涵盖范围比较宽泛的动物形象,因此不能否定夔纹的存在。实际上的一足应是双足动物的侧面写形,应是龙的形象,夔纹也就称为夔龙纹,但是它比龙纹更怪诞,更多变化。它的具体形象为头尾横列,当中有一足或两足的龙形兽纹,巨口,一角于脑后,足在身下,卷尾向上,皆作爬行状,有的有两首,有的作回首状。其形象很多,形体差别也比较大,有曲体、折体、双体、三角等形态。夔纹盛行于商代和西周早中期,沿用至春秋时期。

⊙ 折体夔纹

⊙ 折体夔纹

⊙ 回首夔纹

⊙ 双体夔纹

青铜器主要纹饰四

蟠螭纹

"蟠"字为屈曲环绕之意,"螭"为无角的龙,其特征为张口,卷尾一上一下,两龙相交,或群龙交缠,故而也称交体龙纹。交龙的个体比较大,这也是它和蟠虺纹的区别。蟠螭纹盛行于春秋战国时期。

⊙ 蟠螭纹

⊙ 蟠螭纹

青铜器主要纹饰及特征

219

青铜器主要纹饰五

蟠虺纹

蟠虺纹，又称兽体卷曲纹，"虺"为古书上说的一种毒蛇，它是由许多小蛇状的动物互相缠绕，构成"C"形和"S"形的图案，多作为器物的主题纹饰饰满器物的全身，是春秋战国时期网状花纹的典型代表。

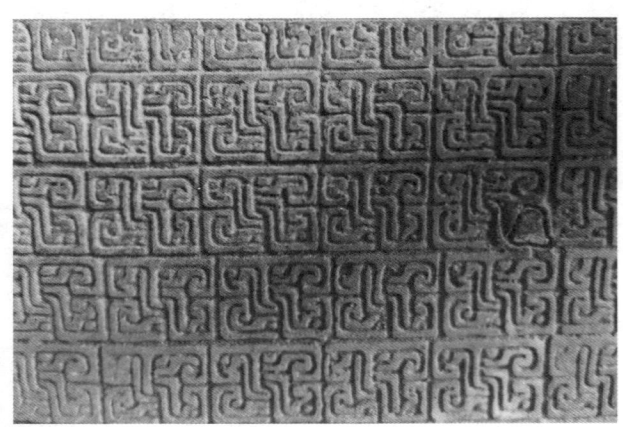

⊙ 蟠虺纹

青铜器主要纹饰六

兽目交连纹

兽目交连纹是由两端回钩或呈"S"形的线条构成的扁长条带状图案。表现形式为两兽的头部相接，连接处填以目纹，还有的为两兽躯体相接，两尾相接等，但不交缠，连接处也均有一眼目，填地的云雷纹也简化或消失，除兽目可以辨识外，口、眉、爪全部消失，躯干也是对称的粗线图形。盛行于西周中晚期，春秋战国时期沿用，过去称为"窃曲纹"或"穷曲纹"，现在多称为变形兽面纹或兽目交连纹。

⊙ 兽目交连纹

⊙ 兽目交连纹

青铜器主要纹饰 七

凤鸟纹

凤鸟纹，也称凤纹或鸟纹，统称为凤鸟纹，有人认为青铜器上的凤鸟纹与图腾崇拜有关。传说商代的祖先叫契，其母因吞食鸟卵而生了契，这就是《诗经·商颂》中"天命玄鸟，降而生商"的故事。玄鸟是商人的图腾，但是在商早期和中期的青铜纹饰上很少见到用鸟作为主题纹饰的，小鸟纹在商早中期也只是附属纹饰，因而"天命玄鸟，降而生商"的说法似乎没有体现。倒是周人特别崇拜凤，称凤为百鸟之王。凤应是人们传说中的神鸟，也不是实有的动物，早在新石器时代，良渚文化的玉琮上已有非常形象的鸟纹。

⊙ 凤鸟纹

⊙ 凤鸟纹

凤鸟纹的特征为：喙多为闭合的弯钩形状，极个别的喙也有张开的。冠多为羽状，有的头上有扇形花冠，有的头上有垂于脑后或背部的长冠，其长冠的尖端向上或向下卷。还有的凤鸟头上为绶带状花冠，冠带飘于胸前，可垂到足部，其尖端向上卷，有的头上有三、四、五齿形的冠，这多见于商代晚期。在商早期多见对称的直立或侧立的小鸟纹，而长冠、花冠的大鸟纹则流行于西周中晚期。凤鸟纹的角有弯、有尖，也有类似长颈鹿角的，其尾部变化也较多，有长尾、垂尾、连尾和与鸟体分离的分尾。长尾盛行于商晚期至西周中期，垂尾流行于西周中晚期，其形状有的为前视状，有的为回首状。

⊙ 凤鸟纹

⊙ 凤鸟纹

青铜器主要纹饰 八

蝉纹

蝉纹有两种，一种为横向带状排列，一种为纵向连续排列，横竖都可安置。其多为成虫，有三足或四足，作为主题纹饰或作为主纹的配饰（次要纹饰），多在三角形图案中出现，也可称为"三角蝉纹"，多配以云雷纹为衬地。蝉纹盛行于商末至西周中期，以后很少见到。战国至汉代，蝉纹多以玉制的造型出现。

⊙ 蝉纹

⊙ 横向蝉纹

青铜器主要纹饰九
象纹

象纹的形象比较明显，头部有一向下或向上的长鼻，鼻下有咀，有巨大的身体和足，有的仅以象首或象鼻为装饰。盛行于商代晚期到西周中期，象纹被施于青铜器上的情况较少。

⊙ 象纹

青铜器主要纹饰十
虎纹

虎纹常以活动状态出现，一般为虎的侧视、爬或跑的形状，张口，背微凹，尾下垂后而上卷。虎纹流行时间较长，由商代一直沿用到汉代。

⊙ 虎纹

青铜器主要纹饰十一
其他动物纹

⊙ 牛纹

商周青铜器中,还有牛纹、鱼纹、蚕纹、蛇纹、兔纹、龟纹、鹿纹等纹饰,因不是常见纹饰,在青铜器上很少见,有的甚至仅出现过一两次。有的只用一部分作为纹饰,如牛纹,用牛角、牛首作为纹饰的较多。

⊙ 蛇纹

⊙ 兔纹

青铜器主要纹饰十二

乳丁纹

乳丁纹为凸起的实心圆乳突状的小圆点或小圆柱，有的排列成单行，有的为方阵，有的置于方格内，排列紧密。乳丁置于云雷纹中间，组成乳丁云雷纹，如加上菱形，称为菱形云雷乳丁纹。商代的乳突较为平坦，西周时期则长而尖锐。乳丁纹始于商代，盛行于西周，沿用至汉代。

⊙ 乳丁纹

⊙ 乳丁纹

青铜器主要纹饰十三

云雷纹

⊙ 云纹

云雷纹在商周青铜器的几何类纹饰中,使用得最为频繁,多作为地纹使用,或作为主纹身上的纹饰,成为主纹的一部分,使图案更加丰满华丽。

用柔和的圆形线条组成的是云纹,有方折角的回旋线条称为雷纹,但二者区别不是很明显,故合称云雷纹。云雷纹实际上是单线或双线自中心逐渐外展的螺旋线,间隔均匀,给人以动感。作为地纹,云雷纹往往低于主纹,起了陪衬作用。云雷纹盛行于商周,沿用至春秋战国时期。

由云雷纹和其他几何纹组成的纹饰还有:乳丁雷纹、勾连雷纹、三角雷纹、斜线雷纹等。

⊙ 雷纹

⊙ 乳丁雷纹

青铜器主要纹饰十四

涡纹

涡纹又称火纹，因形状似水涡，故称涡纹、水涡纹。涡纹形状为圆形，中间略有突起，沿边有四到八道旋转的弧线，中间为一小圆圈。有人认为涡形形状似太阳，弧线表示火焰的流动，故又称火纹。商代早期的涡纹是单个连续排列的，从商中晚期到春秋战国，一般与其他纹饰，如虎纹、鸟纹等相间排列。涡纹使用时间从夏代至战国时期，虽然使用时间长，而且从未间断过，但变化不大。

⊙ 涡纹

⊙ 涡纹

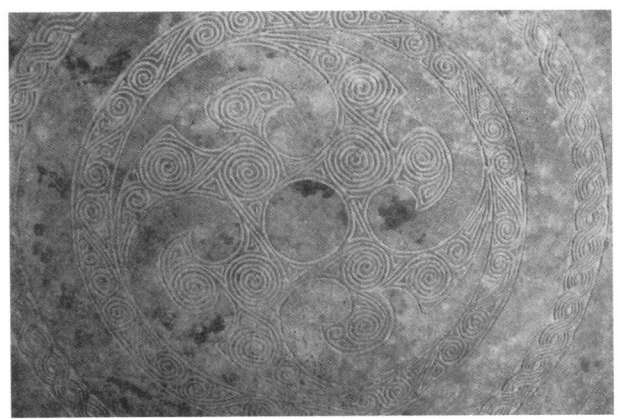
⊙ 涡纹

青铜器主要纹饰十五

环带纹

环带纹又称波曲纹，整体呈宽"S"形，做上下大幅度的弯曲，形如起伏的波浪。在波形纹之间常填上眉形或口形纹样，多以二方连续带状出现，盛行于西周中晚期至春秋晚期。

⊙ 环带纹

⊙ 环带纹

青铜器主要纹饰十六
重环纹

重环纹是由多个略呈椭长形的环组成的纹饰，环的一端为椭圆，另一端是直角或锐角，有一至三重环，多以连续带状形式出现，盛行于西周中晚期，沿用至春秋时期。

⊙ 重环纹

青铜器主要纹饰十七
鳞纹

形似鱼鳞，又称鱼鳞纹或垂鳞纹，按连续式、重叠式、并列式三种方式排列，连续式是由完全相同的鳞，按纵向交错排列，重叠式则如鱼鳞相叠，并列式则是大小相同的鳞片横置作带状，个别的也有作两层排列的。鳞纹始于商代晚期，盛行于西周中晚期，沿用至春秋时期。

⊙ 鳞纹

青铜器主要纹饰十八

绳纹

绳纹像两股或三四股或更多股绳索，以波线交错结成，盛行于春秋时期，沿用至战国早期。

⊙ 绳纹

青铜器主要纹饰十九

三角纹

三角纹仅是以其外在轮廓形态而言，在三角纹内往往有蝉纹、夔纹或兽面纹等纹饰。三角纹有的矮小，有的修长，盛行于商代中期至西周中期，沿用至春秋时期。

⊙ 三角纹

⊙ 三角纹

青铜器主要纹饰二十
瓦沟纹

瓦沟纹又称瓦脊纹，由宽阔的横条作突起的棱形或凹陷的槽形，如同一排排的仰瓦，多满布全器。商代晚期开始出现，西周早中期流行，春秋以后消失。

⊙ 瓦沟纹

青铜器主要纹饰二十一

人物活动纹

　　人物活动纹是用写实的手法，描绘当时贵族的社会生活和勇猛作战的场面。这类纹饰在青铜器上出现较晚，初步摆脱了规律化的对称图案，用流畅的线条，结合绘画的雕刻手法，描绘出各种场景，如狩猎、宴乐、舞蹈、采桑、攻城、水战等。盛行于春秋战国时期，沿用至汉代。

⊙ 狩猎纹

⊙ 水战纹

⊙ 狩猎纹

青铜器鉴定 主要依据

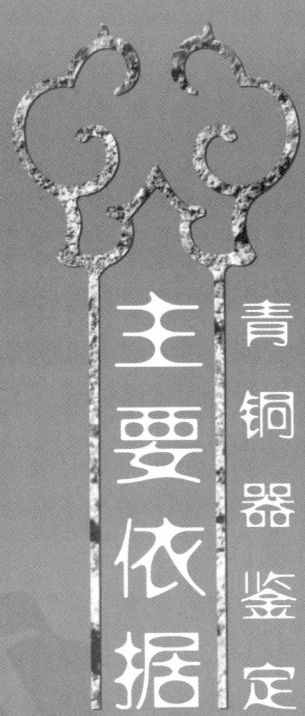

我们说传统的古代青铜器鉴定方法，都是通过眼看、手摸、耳听等一些感官上的认识，加以推理和判断来分辨其真伪（新老）与年代的。一般是从形制、纹饰、锈蚀、铜质、重量、气味、声音、色泽和工艺等方面来进行鉴定。但是因为地域和年代的不同，铜器表面所产生的锈蚀状态也各异，往往会出现一件青铜器，有的人说真，有的人说伪的情形，得不出一致的鉴定结论。这主要是每个人的鉴定方法不同，还没有形成一个科学的、有效的鉴定方法，因此在鉴定时采用类型学、比较法都会有它的局限性，很容易产生争议。

在多年鉴定古代青铜器的实践中，我认为观察锈蚀是判断其真伪的首要步骤。因为经过了几千年，它不外乎以入土、落水、传世三种方式，流传至今。而且我们看到的青铜器大多是出土铜器，由于铜质的差别以及土质、水质的差异，入土的青铜器锈色也不尽相同，常见有绿、红、黑、蓝、褐等色锈层，与器体合一，坚实匀净，莹润自然，而伪锈则浮在器物表面，绿而不莹，甚至有刺眼的光泽。因为真器也就是说老的铜器锈层，是由里向外一层层如矿藏般自然长出来的；而人工做的伪锈，则是由外向里，用各种方法人为做上去的。因此真器不可能有人工做的假锈，而伪器上也不可能有真的锈层。

因为一件商周时的青铜器，当年铸成器后，它是以铜为主成分的合金，所以外表是金光闪闪的黄色，并不是我们今天看到的这种红斑绿锈状况，这种状况是因埋藏了几千年自然形成的。而后世历代所仿，包括今天的高仿器，在铸成后，也是黄色的。做伪的人不可能将锈层也一同从熔炉中铸造出来，要想达到红斑绿锈，只有人为做假锈。人工做假锈，宋代就有了，历经千年，可以说各种方法都用上了，包括现代的高科技。但人工和天然的从根本上说就是两回事，细心察看，还是能看出破绽的。如果你看不懂真假锈，那你一定也搞不懂青铜器的真伪。当然，要想看懂铜器锈层的真伪，这需要大量的实践。

所以说，辨别锈蚀是鉴定青铜器的首要步骤，也是决定此器是真品还是伪品的关键步骤。然后，再从铸造方法和传统范铸技术上进行分析，进一步肯定器物的新老。如果是老的，那么它老到什么程度，也就是什么年代制作的，这就需要从它的造型、纹饰、铭文、工艺等去进行断代。至于其重量、气味、声音等方面，过去可以作为鉴定真伪的依据，现在随着仿品科技水平的提高，已经失去了作为鉴定依据的地位。

鉴定古代青铜器，光有理论知识还是不行，需要大量地接触实物，无论是真品还是仿品，都要亲自上手，用心揣摩，长期积累实践经验，具备广博的知识。要多看、多记、多思，持之以恒，这样，判断真伪才会更加准确。

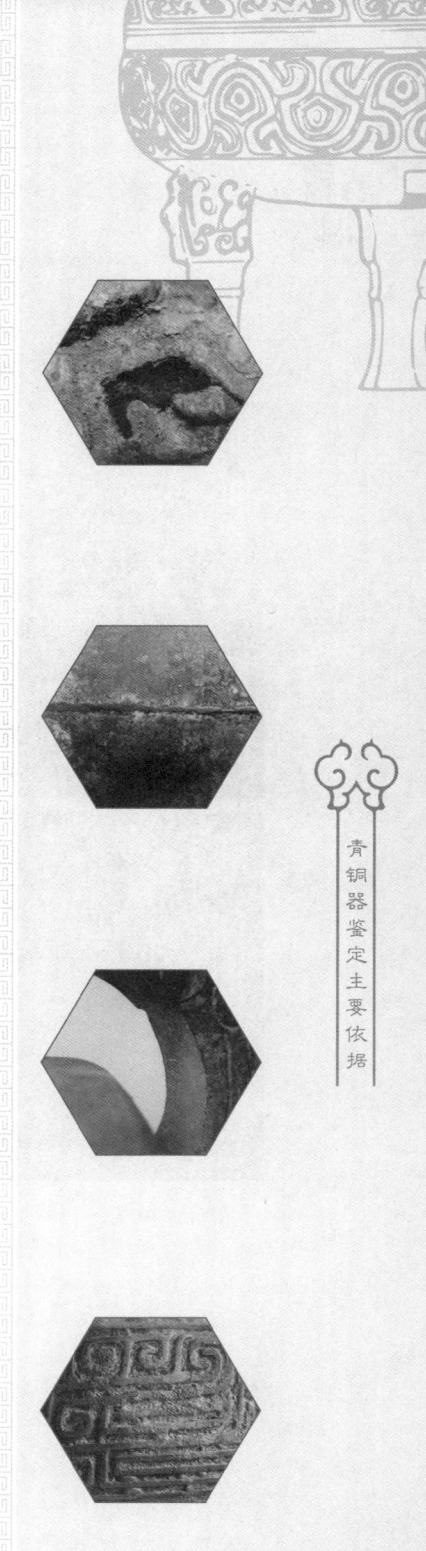

青铜器鉴定主要依据

锈蚀

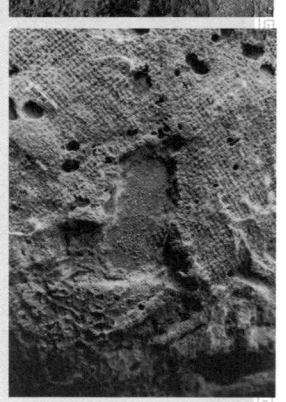

青铜器埋藏地下几千年，因埋藏环境各不相同，所产生的锈蚀状况也有所不同，民间俗称有土坑、水坑、沙坑、脏坑、窖藏等。有的青铜器锈蚀十分严重，而有的锈蚀非常轻微，甚至如刚刚打磨加工出来的一样。有的铜器表面长满了典型的绿锈（碱式碳酸铜），如土坑器，辨别真伪较容易；而有的真器表面并没有典型的锈层，辨别起来就比较困难，如水坑器、窖藏器。锈蚀中最难仿制的是闪亮的结晶斑，它是在绿锈层下面，在暗红色的贴骨锈上经几千年碳化生成的。迎光侧视，为细碎的闪光小晶体，略高于器表，人工作伪的则是将真锈斑粘贴到伪器上，技法较高，一般火烤不易剥落，细察在锈块的四周有镶嵌或粘贴的痕迹，如用强火烤，原形即露。有结晶斑

的青铜器是真品的可能性极大,但不是每一件古代青铜器都有结晶斑。商周时期青铜器上的结晶斑相比春秋战国时期的要多一些。水坑器伪锈仿制较容易,但鉴别起来反而很难,这就需要大量接触水坑器,才能提高辨别真伪的能力。

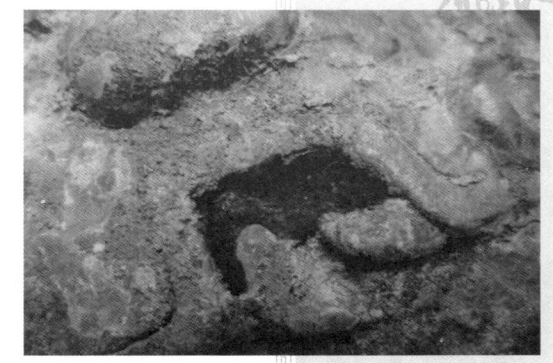

纹饰

青铜器的纹饰随着时代的不同而发生变化,是断代的主要依据。但是古代铸造青铜器是用陶范法铸造,所以这也是辨别真伪的一种依据。因为凡是陶范法铸出的成器,纹饰均清晰有力,流畅匀称,没有模糊不清,浅薄生硬现象。仔细察看纹饰,再结合器物表面的锈蚀状况,定能找到确切的辨伪突破口。

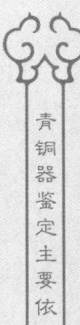

青铜器鉴定主要依据

⊙ 商代纹饰

⊙ 商代纹饰

⊙ 战国纹饰

⊙ 西周纹饰

范痕

　　中国古代青铜器是用陶范法制作的，范与范之间接合得再紧密，也会留下细小的缝隙，铜液从细窄的缝中溢出冷却后，就成了范痕（范缝）。

在器物的耳、足、腹、底部的范痕，当时还没有打磨掉的习惯，即使经过了打磨修整，也不可能完全去掉，仍会留有痕迹，所以铸好的器物表面会有微小的错位现象。如果一件青铜器没有范痕和纹饰错位现象，那它是伪品的可能性极大。真品底部范痕断面处为三角形或方形。而伪制的范线则是圆形，那是用电线焊上去的，再做上假锈伪装一下，细察不难分辨。

⊙ 战国鼎底部范痕

⊙ 战国鼎底部范痕

⊙ 西周鼎底部范痕　　⊙ 西周鼎底部范痕

垫片

　　用陶范法制成的青铜器,为了保持内外范之间的平衡和稳定,在它们之间要加垫片,这些小垫片(即小的碎铜块)是当时制造者随手拿来垫进去的,它的合金成分与需浇铸的铜液不同,所以后来在表面生成的氧化层呈色也不同,反映在器壁上的颜色与色泽也不一样。垫片的位置是有规律的,一般是在器物的腹下部或底部,很少有在纹饰和铭文上的。在春秋战国时期,偶尔能在纹饰区内见到小的垫片。垫片不是在每一件青铜器上都能找到的,有的明显,有的因器面锈层复杂,不太容易认出来。商周时垫片较少,而春秋战国时期,在较薄的器物上,能见到较多明显的垫片,尤其是在水坑器上。而现代仿制的垫片,大小一致,位置明显,细察有人为刻制的痕迹。

⊙ 战国簠垫片

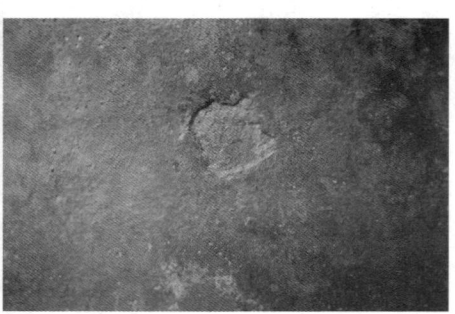

⊙ 战国鼎垫片

⊙ 西周鼎范痕与垫片

⊙ 战国方壶垫片

范土

由于古代青铜器是用陶范法铸成，在其耳、柱、足等部位中间需要封有内范。铸成后这些内范的范土就取不出来了，经过铜液的熔烤，常呈灰白、灰红色，坚硬、自然。而伪器是在上述部位用土掩盖，粗劣松软，用指甲一抠即掉，土色和硬度与真器截然不同。

⊙ 西周鼎耳内范土

⊙ 商代斝扳手内范土

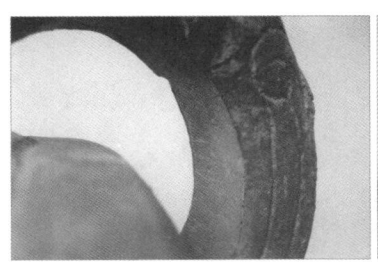
⊙ 西周盉扳手内范土

⊙ 西周鼎耳内范土